Deutsche Reichsbahn

Alfred Gottwaldt

Deutsche Reichsbahn

Kulturgeschichte und Technik

transpress
spezial

Vorwort

5 Abschied von der Reichsbahn

1 Kaiserreich und Eisenbahn

10 Die deutschen Länderbahnen vor 1920

12 Ein deutsches Eisenbahnnetz
14 Staatsbahn oder Privatbahn
16 Reichseisenbahnen in Elsaß-Lothringen
18 Kaiser Wilhelms Hofzug
20 Eisenbahn im Ersten Weltkrieg
22 Der deutsche Balkanzug
26 Waffenstillstand von Compiègne

2 Deutsche Reichsbahn-Gesellschaft

28 Eisenbahn der Reparationen 1920–1933

30 Der Reichsbahn-Adler
32 Jahr des Umbruchs
34 Reichsbahn-Geldscheine
36 Seddin und München
38 Reichsbahn-Generaldirektor
42 Im Rheingold-Expreß
44 Der Hindenburgdamm
46 Elektrifizierung der Reichsbahn
48 Die Einheitslokomotiven
50 Berliner S-Bahn
52 Bahnhöfe der Reichsbahn
54 Zugführer und Schaffner
58 Zuverlässigkeit der Reichsbahn
60 Eisenbahn-Unfälle
62 Netzkarten und Bezirkskarten
64 Der Propellertriebwagen

3 Reichsbahn im Dritten Reich

66 Staatsbahn und Nationalsozialismus 1933–1939

68 Gleichgeschaltete Reichsbahn
70 Der »Fliegende Hamburger«
74 Jubiläum der deutschen Eisenbahnen
76 Stromlinien-Lokomotiven
78 Die roten Mitropa-Wagen
80 Elektrische Triebwagen
82 Reichsbahn auf Schiene und Straße
84 Motorisierung der Reichsbahn
86 Reichsbahnzentrale für Reiseverkehr
90 Schnelltriebwagen und Vierjahresplan
92 Die bayerische Reichsbahn
94 Stückgutverkehr der Reichsbahn
96 Adolf Hitlers Eisenbahn
98 Reichsbahn-Lehrlinge
100 Österreich und die Reichsbahn

4 Die zerstörte Reichsbahn

102 Krieg und Nachkriegszeit der Bahn 1939–1949

104 Blitzkrieg mit der Reichsbahn
106 Reichsbahn in Böhmen und Mähren
108 Eine Million Eisenbahner
110 Lohntüte der Reichsbahn
112 Reichsbahn und Ostbahn
114 Die umgenagelte Spur
116 Räder müssen rollen
118 Die Kriegslokomotiven
120 Züge nach Auschwitz
122 Frauen bei der Reichsbahn
124 Bomben oder Schienenwolf
126 Kriegsende und Stillstand
128 Zeit der Hamsterzüge
130 Fahrt in die neue Zeit
132 Demontage der Gleise
134 Reichsbahn baut auf

5 Reichsbahn und Sozialismus

136 Die Staatsbahn in der DDR 1949–1989

138 Staatsbahn der DDR
140 Brigaden und Aktivisten
142 Parolen an Lokomotiven
144 Pioniere und Dispatcher
146 Reichsbahndirektion Berlin
148 Reichsbahn an der Berliner Mauer
150 Transportpolizei und Grenztruppen
154 Volkseigener Schienenfahrzeugbau
156 Traktionswandel bei der Reichsbahn
158 Frauen und Männer der Reichsbahn
160 Internationaler Verkehr
162 Städte-Expreß-Züge
164 Die moderne Reichsbahn
166 Karge Reichsbahn-Architektur
170 Letzte Dampflokomotiven
172 Reichsbahn am Ende

6 Reste der Reichsbahn

174 Die Erbschaft der Deutschen Bahn seit 1989

176 Eisenbahn nach der Wende
178 Zukunft der Traditionsbahnen
180 Übernommene Reichsbahn-Technik
182 Alte Bahnhofsnamen
186 Vereinigung der Eisenbahnen
188 Abschied von der Reichsbahn

190 Literatur und Bildquellen

VORWORT

Abschied von der Reichsbahn

Die Reichsbahn ist tot, und deshalb: Es lebe die Reichsbahn! Mit der Gründung der hoffnungsvollen Deutschen Bahn AG im Januar 1994 ist das Ende der beiden deutschen Staatsbahnen, nämlich der Bundesbahn im Westen und der Reichsbahn im Osten, wohl endgültig besiegelt worden. Aber noch viele Jahre werden das lange Zeit isolierte Erbe der DDR-Reichsbahn im Osten und das fast vergessene Reichsbahn-Erbe der Bundesbahn im Westen die Aktivitäten bei der neuen Bahngesellschaft beherrschen. Wenn uns Zukunft ohne Herkunft schlecht vorstellbar ist, kann ein Rückblick auf fast 75 Jahre der deutschen Reichsbahnzeit nur nützen.

Die Reichsbahn steht für zwei höchst unterschiedliche Epochen: An 25 Jahre der riesigen »alten Reichsbahn« von 1920 bis 1945 schlossen sich bald 40 Jahre der »DDR-Reichsbahn« zwischen 1949 und 1989 an. Vielleicht war nach dem Zweiten Weltkrieg im Osten die Abkehr von der großdeutschen Reichsbahn sogar radikaler als im Westen gewollt, doch diesen alten Namen mußte die Staatsbahn im Sozialismus behalten.

Die Reichsbahn wurde nach einer langen Vorgeschichte 1920 aus der Taufe gehoben: vielleicht 50 Jahre zu spät, wenn Bismarcks Überlegungen von 1870/71 der Maßstab sind, doch rechtzeitig nach dem dazu notwendigen Ende einer Epoche von Kaiser, König und Großherzog als Namensgeber für jede Eisenbahn. Ohne den wiederholten Blick auf unsere politische Geschichte ist die Historie der deutschen Eisenbahnen und der Reichsbahn unverständlich. Zwar rollten die Züge mit Reisenden in der 3. oder 4. Wagenklasse wie selbstverständlich nach Podejuch in Pommern oder nach Waging in Oberbayern, aber immer haben uniformierte Staatsdiener die Fahrkarten gelocht, die Frachten verbucht und die Kohlen in das Feuerloch ihrer Lokomotiven geschaufelt. Es ist schwierig, heute die Bedeutung der Eisenbahnen für die Entwicklung unseres Landes in Erinnerung zu rufen.

Die Reichsbahn war lebenswichtig für dieses Land: Es gab eine Zeit, in der Briefe aus Königsberg, Holzspielzeug aus Seiffen und Bier aus München, Stühle aus Coburg, Geschirr aus Wächtersbach und Fisch aus Bremerhaven den Empfänger in Berlin, Köln, Frankfurt am Main oder Stuttgart nur deshalb binnen Stunden erreichen konnten, weil die Reichsbahn mit der militärischen Präzision eines Uhrwerks immer funktionierte. Es war ihre Aufgabe, riesige Mengen Kohle und Kartoffeln in die Großstädte oder das Erz von den Gruben zu den Hochöfen zu bringen. In Zeiten des Krieges freilich lud sich die Reichsbahn mit ähnlicher Zuverlässigkeit Soldaten und Kanonen oder Kriegsgefangene und zum Tod bestimmte Juden auf, ohne viel zu fragen. Man muß darüber sprechen.

Die Reichsbahn überlebte ihr Reich um Jahrzehnte: Weil in der alten deutschen Hauptstadt 1945 der Eisenbahnbetrieb von der Sowjetunion und den anderen Alliierten in die Hände der Deutschen Reichsbahn gelegt worden war, erschien in den langen Jahren der Nachkriegszeit jede Namensänderung als unerwünschter Versuch,' den Viermächtestatus von Berlin einseitig zu verändern. Also fuhr die Staatsbahn der Deutschen Demokratischen Republik zwar mit einem neuen Wappen, aber unter dem nicht unbelasteten Namen bis zur Wiedervereinigung und danach weiter.

Die Reichsbahn war für ältere Westdeutsche oft Objekt der verklärten Rückschau: Für sie fuhr seit 1949 die Bundesbahn, und mit dem Wort von der einstigen Reichsbahnzeit waren ihnen auch Jugendglück, der Weg ins Leben und die verlorenen Jahre bald vor das innere Auge getreten. Reisen vom Elternhaus in die Ferne gehören untrennbar zur Entwicklung der Persönlichkeit, mochten es auch die Lagerfahrten der Hitlerjugend oder die Transporte der Kinderlandverschickung im Zweiten Weltkrieg sein. Erst die Züge der Flucht und der Vertreibung vermochten es, den naiven Rückblick zu verdunkeln.

Die Reichsbahn bildete für Ostdeutsche und West-Berliner 40 Jahre lang ein Objekt eigener Haßliebe: Ein sonderbarer, schwer verständlicher und nie erklärter Name transportierte den Kohle-Geruch von Rückständigkeit, das Plaste-Parfüm von Bemühen um Weltniveau und auch den Wofasept-Dunst des schweren eigenen Weges im DDR-Sozialismus. Auch hier haben aber Ferienzüge und Pionierbahnen uns beinahe unauslöschlich schöne Erinnerungen hinterlassen.

Die Reichsbahn existierte im Zeitalter der Reklame und der Propaganda: In der Weimarer Zeit setzte die Leitung der Eisenbahn auf kaufmännische Schönfärberei, in der Hitlerzeit und im Krieg stand die stromlinienförmig geglättete Kulisse im Vordergrund, und selbst in der DDR-Periode war ohne die Agitation kein amtliches Bild der Reichsbahn denkbar. Zu jeder Abbildung in diesem Buch ist die Frage erlaubt und erwünscht, wann sie entstanden ist, wer sie erzeugt hat, wo die Gründe für ihre Entstehung gelegen haben mögen.

Die Reichsbahn besitzt eine ansehnliche und eine unansehnliche Geschichte: Viele freundliche Bilder von Ferienreisen und großen Geschwindigkeitsrekorden stehen wenigen Aufnahmen vom harten Alltag auf dem Führerstand der Lokomotive oder in der Schlackengrube des Bahnbetriebswerks gegenüber. Es lohnt sich, jedes einzelne Gesicht auf den hier gezeigten Bildern für eine Weile zu betrachten und dabei über die deutschen Tugenden von Disziplin, Ordnung und Pflichtgefühl ernst nachzudenken. Nicht umsonst mußten die Reichsbahner nach 1945 nicht nur die nationalsozialistischen Embleme von den Uniformen abreißen, sondern da auch ihre Rangabzeichen abtrennen. Vom Kadavergehorsam bei der Eisenbahn hatte man genug.

Die Reichsbahn war meistens glanzlos: Niemand erinnert sich der vielen tausend Zugfahrten an vielen tausend Tagen im Verlauf der Jahre. Selbst alte Kursbücher geben nur einen schwachen Begriff davon, wie täglich eine halbe Million Menschen bei der Deutschen Reichsbahn ihren Dienst verrichtet haben. In den Zügen und den Werkstätten, auf Bahnhöfen und Ämtern, selbst in den Eisenbahndirektionen und im Verkehrsministerium wurde die Leistung »Reichsbahn« erbracht, ohne daß viel gefragt wurde. Jeder hatte seine hundertfachen Vorschriften, Formulare und Dienstpläne, die das Berufsleben maschinenhaft einteilten bis zum wohlverdienten Feierabend. Man zog den Kittel aus, wusch sich und war immer noch Eisenbahner im Beamtenwohnhaus der Reichsbahn.

Die Reichsbahn wollte aber auch glänzen: Reichspräsident Hindenburg fuhr regelmäßig mit einem Salonwagen der Eisenbahn, Reichskanzler Hitler benutzte einen feudalen Staatszug, dessen Komfort auch Bundeskanzler Adenauer nicht missen mochte, und selbst die historischen Treffen zwischen Willy Brandt und Willi Stoph in Erfurt und Kassel konnten nicht ohne Züge der Deutschen Reichsbahn in Szene gesetzt werden.

Die Reichsbahn schmückte sich gern mit dem Prädikat, ein moderner Betrieb zu sein: Jede neue Lokomotivtype und jede besondere Zugverbindung vom »Rheingold« bis zu dem »Ferien-Expreß« wurden in Presse und Rundfunk lautstark gefeiert. Der Wettbewerb mit dem privaten Automobil, dem gewerblichen Lastwagen und dem billigen Omnibus beherrschte aber schon seit den zwanziger Jahren das Tagesgeschäft. Obwohl viel dagegen unternommen wurde, wenn man an den Gläsernen Zug oder den Flug-Eisenbahn-Verkehr denkt, blieb der Eisenbahn eigentlich immer nur der Rückzug übrig.

Die Reichsbahn wirkte mitunter rückständig: Nebenlinien mit alten Dampflokomotiven dämmerten jahrzehntelang unverändert vor sich hin, verspottet und dennoch geliebt vom Reisepublikum. Die hygienischen Verhältnisse in den Zügen bildeten stets ein Kapitel für sich.

Geheimniskrämerei und Spionagefurcht bei der Staatsbahn legten Zeugnis vom jeweiligen Gesellschaftssystem ab. Versuche der Rationalisierung kollidierten immer wieder mit den politischen Vorgaben und blieben deshalb oft unvollendet.

Die Reichsbahn entwickelte sich rasch zum Mythos: Wie eine Sage aus besseren Zeiten erschien die Geschwindigkeit des Fliegenden Hamburgers, obwohl das nur der Sonderzug für Börsenmakler zwischen Hamburg und Berlin war. Als Meisterleistungen des eigenen deutschen Ingenieurschaffens wurden die Stromlinienlokomotiven angesehen, von denen es bis zum Zweiten Weltkrieg noch nicht einmal ein Dutzend gegeben hat. Der berühmte Schienenzeppelin ist nur einmal schnell gefahren, im Rückblick wirkte er aber wichtiger als tausend pünktliche Arbeiterzüge. Zum Mythos wird wohl auch die Reichsbahn in der DDR wachsen, weil sie ein dichtes Streckennetz, sehr billige Fahrkarten, viele sichere Arbeitsplätze und sogar ein Transportmonopol im Güterverkehr aufweisen konnte.

Die Reichsbahn diente auch als Mythos für die kleine elektrische Eisenbahn zu Hause: Die rußig schwarze Dampflokomotive und ein grüner Schnellzug mit dem dunkelroten Mitropa-Speisewagen aus lackiertem Blech, der silberne Schienenzeppelin mit eingebautem Uhrwerk und der violette Fliegende Hamburger mit funkelnden Glühlampen-Augen ließen vor sechzig Jahren die Bubenherzen höher schlagen. Die Firmen Märklin und Bing nahmen sich 1935 in der Spur Null nicht nur die Züge, sondern auch die modernen Bahnhöfe der Reichsbahn von Stuttgart und Friedrichshafen zum Vorbild ihrer Modelle. Nach dem Krieg waren es die Modellbahnen der Metallwarenfabrik Stadtilm, der Berliner TT-Bahnen und des VEB Piko in Sonneberg, mit denen Reichsbahn-Doppelstockzüge und dazu passende Babelsberger Diesel-loks ihren Einzug in die Wohnungen hielten.

Die Reichsbahn ist Erinnerung: Mehr als fünfzig Jahre nach dem Kriegsende und zehn Jahre nach dem Ende der DDR läßt sich zweigeteilte Rückschau halten auf typische Relikte der beiden Reichsbahnen. Keine wissenschaftliche Bestandsaufnahme ist hier möglich, lediglich ein grober Überblick der Ideen und der Ereignisse auf deutschen Schienen wird es sein. Viele Bilder müssen andere Themen vertreten, viele Texte können die historischen Sachverhalte nur umreißen. Dieses Buch will den Betrachter ermuntern, selbst Erinnerungen herauszukramen und zu überprüfen, mehr darüber zu lesen und davon zu erzählen. Die Reichsbahnzeit mit ihren Höhen und Tiefen ist Teil unserer Geschichte, ob wir sie mögen oder nicht.

Hundert Jahre deutsche Eisenbahnen Verlag: Verkehrswissenschaftliche Lehrmittelgesellschaft m.b.H. bei der deutschen Reichsbahn

Übersichtskarte der Deutschen Reichsbahn-Gesellschaft, Stand vom 1. Juli 1935. Aus dem Werk »Hundert Jahre deutsche Eisenbahnen«, Berlin 1935.

KAISERREICH UND EISENBAHN

1

Die deutschen Länderbahnen vor 1920

Die Deutsche Reichsbahn, 1920 gegründet, hat eine recht lange Vorgeschichte: Als diese gemeinsame Verwaltung der Bahnen in Deutschland ausgebildet wurde, lag die denkwürdige Fahrt der ersten deutschen Eisenbahn zwischen Nürnberg und Fürth anno 1835 schon 85 Jahre zurück. Die Idee einer nationalen Eisenbahn war 1920 bereits ein Jahrhundert alt. Ein langer und vielfältiger historischer Prozeß, der die Deutschen von den feudalen Kleinstaaten bis in die Weimarer Republik führte, mußte zunächst durchlaufen werden, bis diese einheitliche Verkehrsanstalt für das gesamte Reich entstanden war und die Arbeit aufnahm.

Die ersten Eisenbahnstrecken dienten örtlich begrenzten Interessen. Umfassende Projekte zu einem Netz, dessen Gleise über die Grenzen eines deutschen Landes hinausgingen, wurden zwar hin und wieder in Traktaten veröffentlicht, beim Bau der frühen Bahnen jedoch kaum berücksichtigt. Der wirtschaftliche Erfolg der lokalen Bahnlinien ermunterte aber seit 1840 zur Verknüpfung einzelner Routen und zu neuen Planungen für den Langstreckenverkehr. Da die meisten Lokomotiven der Anfangszeit von dem englischen Monopolhersteller Stephenson kamen, liefen fast alle deutschen Eisenbahnen auf einer gemeinsamen Spurweite von 1435 mm. Der 1847 gegründete Verein Deutscher Eisenbahn-Verwaltungen stand aber vor der schwierigen Aufgabe, die für den Übergang der Güterwagen von einem Land in das andere notwendigen Vereinheitlichungen bei Bremse und Kupplung einzuführen. Die Anlage der grenzüberschreitenden Strecken blieb weiterhin die Sache der Regierungen. Um 1845 gab es Privatbahnen und Staatsbahnen in den deutschen Ländern: Baden und Württemberg besaßen von Anfang an Staatsbahnen, ebenso bis auf einige Strecken Bayern. In Sachsen bestand reiner Privatbahnbetrieb. Preußen hatte, teilweise mit staatlicher Unterstützung, vorherrschend Privatbahnen, darunter manche recht mächtige Privatbahngesellschaft.

Ein ganz gewaltiger Wandel von den Agrarstaaten zur großen Industrienation Deutschland beherrschte nun die weitere Entwicklung. Das volkswirtschaftliche Wachstum und der stürmische Ausbau der Eisenbahnen bedingten sich wechselseitig. 1860 waren in allen deutschen Ländern bereits 11 200 km Betriebslänge der Bahnen vorhanden, zehn Jahre später sogar 18 800 km. In den militärischen Auseinandersetzungen von 1864 und 1866, die Preußen gegen Dänemark und Österreich führte, spielte die Eisenbahn für Truppentransporte eine Rolle, ebenso im Deutsch-Französischen Krieg von 1870. Die neue Reichsverfassung vom 18. April 1871 formulierte unter dem Gesichtspunkt der Landesverteidigung erstmals den Gedanken der einheitlichen Leitung des Verkehrswesens der deutschen Bundesstaaten, also einer »Verreichlichung« all ihrer Eisenbahnen.

Das Reichseisenbahnamt mit Sitz in Berlin wurde 1873 gegründet, doch süddeutsche Bedenken gegen eine Vormachtstellung Preußens verhinderten 1875 die Zusammenfassung der Bahnen in einer Hand und ihren Ankauf durch das Reich. Lediglich in den damals neugewonnenen Reichslanden Elsaß und Lothringen wurde eine Verwaltung der Reichseisenbahnen installiert. Zugleich nahm die erste Wirtschaftskrise der Gründerzeit vielen Spekulanten die Lust an den Eisenbahnaktien.

Im übermächtigen Königreich Preußen verfolgte Bismarck sein Ziel, »die Eisenbahn zu einer wahrhaft nationalen Verkehrsanstalt zu erheben«, aber dennoch zunächst durch eine Politik der Verstaatlichung weiter. Der Minister für Handel und öffentliche Arbeiten, Albert von Maybach, wirkte von 1878 bis 1891 im Sinne des Kanzlers Bismarck. Bis 1885 wurden dort die meisten Aktionäre abgefunden. Damals besaß allein Preußen 21 600 km an Staatsbahnen und noch 1650 km an Privatbahnen. Auch die übrigen Bundesstaaten übernahmen die privaten Eisenbahnen bald in ihr Eigentum; die Glanzzeit der Länderbahnen brach an.

Nach der Jahrhundertwende sorgten eine neue gemeinsame Eisenbahn-Bau- und Betriebsordnung von 1904 sowie der Staatsbahnwagen-Verband von 1909 im Deutschen Reich für eine weitere Annäherung der einzelnen Bahnverwaltungen. Auch der einheitliche Personen- und Gepäcktarif aller deutschen Staatsbahnen von 1907 war dabei ein wichtiger Schritt. Oldenburg und Mecklenburg richteten sich immer stärker an Preußen aus, Hessen ging 1896 sogar eine Eisenbahn-Betriebsgemeinschaft mit Preußen ein. Zu jener Zeit machten die Länderbahnen große Gewinne und finanzierten die einzelnen Staatshaushalte mitunter bis zur Hälfte. Prächtige Bahnhofsbauten, luxuriöse Hofzüge und selbst sehr ansehnliche Eisenbahner-Wohnsiedlungen konnten ohne große Umstände hingestellt werden. Der preußische Verkehrsminister war ein Mann, dem die Kabinettskollegen mit Achtung begegneten, denn er hatte das Geld.

Bevor der Erste Weltkrieg begann, waren bei den deutschen Bahnverwaltungen über eine halbe Million Beamte und Arbeiter beschäftigt. 1913 belief sich die Betriebslänge im Reich auf 58 500 km Bahnstrecken. Ein dichtes Schienennetz bot rasche Reise- und Transportmöglichkeiten überall in Mitteleuropa. Die Durchführung von Truppenbewegungen und auch die Versorgung der Heere beherrschten zwischen 1914 und 1918 den Bahnbetrieb im ersten großen »Eisenbahn-Krieg«. Während nun bald der Verschleiß an Menschen und Material von Jahr zu Jahr zunahm, wuchs die Bedeutung Berlins für die Lenkung aller deutschen Eisenbahnen immer weiter an. Als die Monarchen abgedankt hatten, war auch die Zeit ihrer acht Ländereisenbahnen vorüber: 1920 wurde endlich die Deutsche Reichsbahn gegründet.

Das Pfennig-Magazin

der

Gesellschaft zur Verbreitung gemeinnütziger Kenntnisse.

101.] Erscheint jeden Sonnabend. [März 7, 1835.

Über Eisenbahnen und das deutsche Eisenbahnsystem.

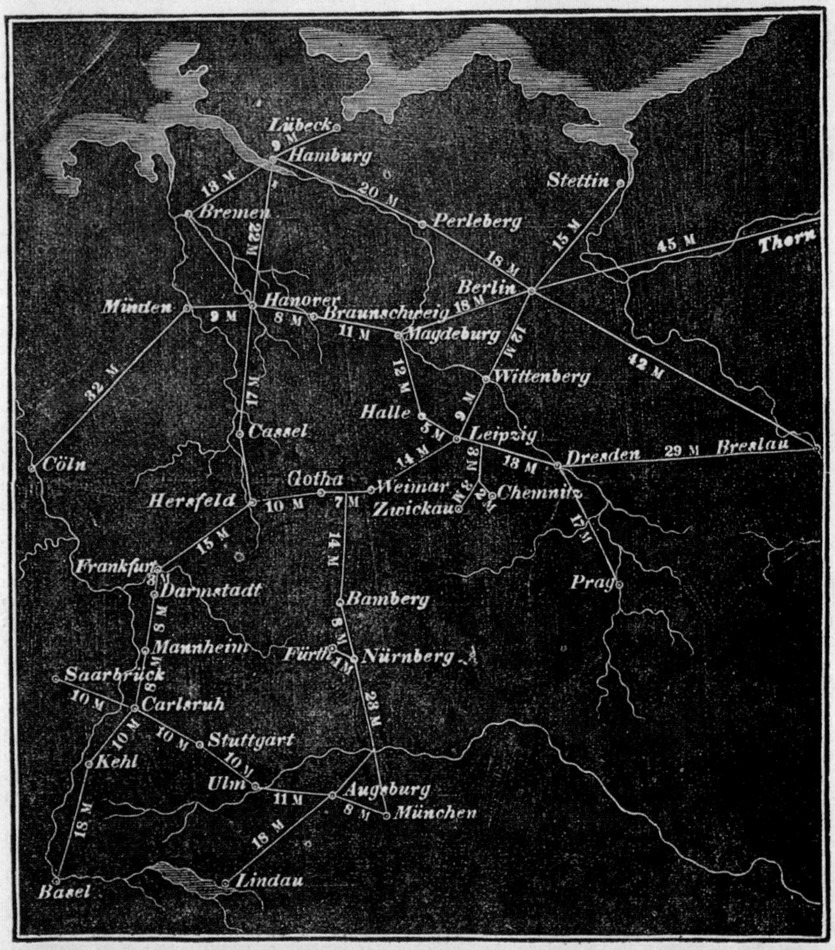

Eisenbahnen oder Schienenbahnen sind parallel nebeneinander fortlaufende, 3 Fuß 8 Zoll bis 4 Fuß 8 Zoll voneinander entfernt liegende Geleisebäume (im Englischen Rails) oder Schienen von Eisen, oder auch von Holz oder Steinen, die mit Eisen beschlagen sind, worauf eigens dazu bestimmte Wagen mit gußeisernen Rädern, welche durch die an ihrer innern Peripherie befindlichen Ränder oder Kränze stets auf dem flachen Geleise gehalten werden, in beliebiger Schnelligkeit fortbewegt werden können. Die noch jetzt erhaltenen Überreste der Appischen Straße von Rom nach Capua, welche aus festzusammengefügten Steinblöcken bestand, worin die Geleise eingehauen waren, be-

III. 10

Ein deutsches Eisenbahnnetz

Unter den zahlreichen Vorkämpfern des Eisenbahngedankens in den deutschen Staaten verdient der Nationalökonom und Publizist Friedrich List besondere Erwähnung, denn er dachte als erster in weiteren Zusammenhängen der Länder. Seinen Plan zu einem deutschen Eisenbahnnetz hatte er in dem Buch »Über ein sächsisches Eisenbahnsystem als Grundlage eines allgemeinen deutschen Eisenbahnsystems und insbesondere über die Anlegung einer Fernbahn von Leipzig nach Dresden« veröffentlicht, das 1833 in Leipzig erschienen war. Zwei Jahre später, im Heft vom 7. März 1835, brachte »Das Pfennig-Magazin« einen Beitrag »Über Eisenbahnen und das deutsche Eisenbahnsystem« aus seiner Feder, der die Eisenbahnidee populärer machen sollte; (Bild links). Nach der Eröffnung der ersten deutschen Bahnlinie zwischen Nürnberg und Fürth am 7. Dezember 1835 schien der Bann zwar gebrochen, doch die Eisenbahn als Bote einer neuen Zeit hat bei den Herrschern des späten Biedermeiers nicht immer Anklang gefunden. Nun konnten Personen unterschiedlicher Stände gleich schnell reisen und fast gleich sein. Die Zeit vor der Revolution von 1848 war aber auch gekennzeichnet von Zensur und Unterdrückung. In einer farbigen Lithographie von L. Meyer aus Berlin wurde die Lokomotive »Borsig« als Mittel des Fortschritts mit dem Namen und dem Portrait des Dichters Georg Herwegh dekoriert, der im Januar 1843 wegen der Gründung einer freigeistigen Zeitung von Preußen nach Sachsen ausgewiesen worden war. Eine solche direkte Bahnverbindung war damals geplant, aber noch nicht vorhanden. Übrigens hat man später den Namen »Herwegh« übermalt und die Graphik schwer verständlich gemacht.

Verlag und Eigenthum von E. Meyers Kunstverlagshandlung in Berlin, Schloßfreiheit No 3.

Stahlst. v. G.M.Kurz

Staatsbahn oder Privatbahn

Am Beginn des deutschen Eisenbahnwesens standen Privatbahnen, die das Aktienkapital wohlhabender Bürger einsetzten. Als erste deutsche Staatsbahn wurde aber am 1. Dezember 1838 die Strecke von Braunschweig nach Wolfenbüttel in Betrieb genommen.
Auch Baden, Württemberg und Oldenburg richteten staatliche Eisenbahnen ein, während in den übrigen deutschen Ländern lieber Konzessionen an die Privatgesellschaften verteilt wurden.
Bayern begann 1846 mit der Einrichtung von Staatsbahnen, während Preußen von 1849 bis 1879 das »Gemischte System« in etwas planloser Weise verfolgte.
In dieser Zeit wurden Staatsbahnen neben Privatbahnen gebaut, betrieben und unterstützt. Beispiele für die Kraft der privaten Bahngesellschaften bilden der Hamburger Bahnhof in Berlin von 1846 für die Anfangszeit und der Anhalter Bahnhof in Berlin von 1880 für den Abschluß dieser Epoche; (Bilder links). Als gewaltige Symbole für die Bedeutung der Preußischen Staatsbahn sind die Empfangsgebäude auf den Hauptbahnhöfen in Frankfurt am Main von 1888 und in Köln von 1894 errichtet worden; (Bilder rechts). Zwischen 1879 und 1896 wurden in Preußen Privatbahnen mit insgesamt 14 520 km Streckenlänge verstaatlicht. Das Staatsbahnnetz wuchs in dieser Zeit von 4804 km Umfang auf stolze 27 663 km.

Reichseisenbahnen in Elsaß-Lothringen

Nach der Reichsgründung von 1871 unterblieb die Bildung einer gemeinsamen Eisenbahnverwaltung für alle deutschen Länder. Die süddeutschen Staaten fürchteten das Übergewicht Preußens und lehnten Bismarcks Reichseisenbahngesetz 1875 endgültig ab. Lediglich die Strecken in den von Frankreich abgetrennten Gebieten Elsaß und Lothringen unterstanden seit 1871 dem Reichskanzler, vom »Reichsamt für die Verwaltung der Reichseisenbahnen« in Berlin geleitet. Zwischen 1873 und 1918 wuchs die Betriebslänge in diesem Gebiet von 1017 km auf 1970 km. Viele neue Bahnhöfe im typischen Stil des Kaiserreiches wurden dort um die Jahrhundertwende gebaut, so in Straßburg, Kolmar und Metz. Die zweisprachige Ansichtskarte berichtet aus diesem Abschnitt deutsch-französischer Geschichte. Als Reichskanzler Otto von Bismarck nach seiner Entlassung durch Kaiser Wilhelm II. am 29. März 1890 im Salonwagen von Berlin nach Friedrichsruh abreiste, befuhr er die Gleise der 1884 verstaatlichten Berlin-Hamburger Eisenbahn.

Metz.
Neuer Hauptbahnhof.
Nouvelle gare centrale.
Eröffnet 17. August 1908.

KAIS. REICHS-EISENBAHNEN
IN ELSASS-LOTHRINGEN
UND
LUXEMBURG
DIRECTION:
STRASSBURG I/E.
STRASSBURG I/E.
H. BAHNHOF STRASSBURG
LUXEMBURG
Rheinbrücke bei Kehl
H. BAHNHOF METZ
METZ
LUXEMBURG
STRASSBURG
COLMAR
MÜLHAUSEN
BASEL

Kaiser Wilhelms Hofzug

Es war ein Resultat des Deutsch-Französischen Krieges, daß am 18. Januar 1871 in Versailles der König von Preußen zum deutschen Kaiser proklamiert wurde. Nach langer Regierungszeit Wilhelms I. bestieg im »Dreikaiserjahr 1888« sein Enkelsohn Wilhelm II. den preußischen Thron. Er hatte die Bedeutung des Verkehrswesens für Wirtschaft und Politik am Ende des 19. Jahrhunderts klar erkannt und ist als »Reisekaiser« in die Geschichte eingegangen. Seine Yacht »Hohenzollern« und sein prächtiger Hofzug ermöglichten ihm ein gleichzeitiges »Reisen und Regieren«. Zwischen 1888 und 1892 wurde der Hofzug Wilhelms II. mit mehr als einem Dutzend Wagen geschaffen, nach der Jahrhundertwende wurden diese Waggons bereits durch eine jüngere Generation von Luxusfahrzeugen in dem unverwechselbaren Anstrich von Weiß und Kaiserblau ersetzt. An dem dritten Kaiserwagen von 1904 waren, wie an seinen Vorgängern, die verschiedenen Wappen Wilhelms II. als deutscher Kaiser und als König von Preußen montiert. Der Monarch war nationalem Pathos nicht abgeneigt. Die Göttin »Germania«, die schwarzweißrote Fahne und die Dampflokomotive verkörpern deutsche Industrie und Tatkraft in einer Jubiläumspostkarte, die 1910 beim Bau der zehntausendsten Lok von Henschel in Kassel erschienen ist.

Breslauer Actien-Gesellschaft für Eisenbahn-Wagenbau
und Maschinen-Bau-Anstalt Breslau
Abteilung:
Eisenbahn-Wagenbau
zu
Breslau

HUNDERTJAHRFEIE
DER
FIRMA HENSCHEL UND SOHN 1810·1910·
UND VOLLENDUNG DER LOKOMOTIVE
FABRIKNUMMER 10000·
GRUSS aus CASSEL

1552

Eisenbahn im Ersten Weltkrieg

Schon im Deutsch-Französischen Krieg von 1870/71 hatten die Eisenbahnen beim Aufmarsch mit 1300 Transporten für 550 000 Mann und 160 000 Pferde bedeutend mitgewirkt. Wie weit die Eisenbahnen bis 1914 ausgebaut waren und wie stark diese Staatsbahnen in die Kriegsplanung einbezogen wurden, verdeutlichen folgende Zahlen: Auf den dreizehn nach Westen führenden »Transportstraßen« rollten während des Aufmarsches täglich 660 Militärzüge; insgesamt umfaßte die Mobilmachung 11 000 Transporte mit mehr als 3 000 000 Soldaten und noch über 860 000 Pferden. Die Photographien mit den jubelnd ausfahrenden Soldaten in Wagen mit der Aufschrift »Morgen in Paris!« sind zu historischen Ikonen für den 1. August 1914 geworden, wie auf der Doppelseite 25/25 zu sehen. Weniger Beachtung fanden die ernsten Aufnahmen der Verwundetenzüge, von der Arbeit auf den Militäreisenbahn-Direktionen und von den zerstörten Eisenbahnwagen im Ersten Weltkrieg.

Der deutsche Balkanzug

An allen Fronten des Ersten Weltkrieges waren deutsche Eisenbahner mit deutschen Fahrzeugen eingesetzt: Die Gesamtlänge der im Militärbetrieb stehenden Bahnen in Frankreich, Belgien, Italien, Polen, Rußland, Rumänien, in der Türkei, in Mesopotamien und Palästina war 1916 auf mehr als 25 600 km angewachsen. Etwa 440 000 Menschen, über die Hälfte davon Kriegsgefangene und Einheimische der besetzten Gebiete, hielten diese Bahnmaschinerie in Gang. Für den Verkehr zwischen Berlin und Konstantinopel wurde ab dem15. Januar 1916 der »Balkanzug« über Dresden, Prag, Wien, Budapest, Belgrad und Nisch eingerichtet, der einige Aufgaben des nicht mehr fahrenden »Orient-Expreß« übernahm. Zahlreiche Propaganda-Postkarten der Zeit hatten diesen Zug zum Thema. Höhere Offiziere, Diplomaten und Kaufleute benutzten den »Balkanzug« , und auch der durch seine patriotischen Kriegsschilderungen hervorgetretene Dichter Ludwig Ganghofer ist damit gereist. Kaiser Wilhelm II. ist ihm 1916 auf dem Bahnhof von Nisch begegnet (Bild rechts unten).

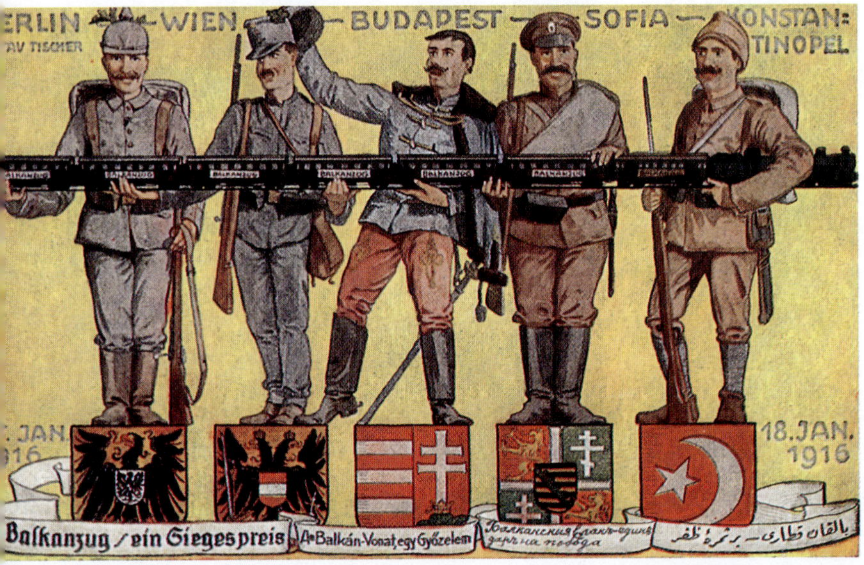
ERLIN — WIEN — BUDAPEST — SOFIA — KONSTAN-
TINOPEL
18. JAN.
1916
Balkanzug / ein Siegespreis
A Balkán-Vonat egy Győzelem

Reservisten
Achtung!!
Am 2. September
Ball in Paris

Waffenstillstand von Compiègne

Am 11. November 1918 wurde in einem Speisewagen der Internationalen Schlafwagengesellschaft das Ende des Ersten Weltkrieges besiegelt. Der Waffenstillstand von Compiègne bedeutete neben der Ablieferung riesiger Waffenmengen auch die Übergabe von 5000 Lokomotiven, 10 000 Lastwagen und 150 000 Eisenbahnwaggons an die Entente – alles binnen 36 Tagen und in einwandfreiem Zustand.
Die Darstellung eines englischen Öldruckbildes gibt die Szene im Speisewagen Nr. 2419 D etwas pathetisch wieder.
Die Personen von links nach rechts: Kapitän Vanselow, Graf A. Oberndorf, General Winterfeldt, Kapitän J. P. R. Marriott, Matthias Erzberger, Konteradmiral Sir George Hope, Admiral Sir Rosslyn Wemyss, Marschall Foch, rechts schließlich General Weygand.
Die Abfahrt von fünf bayerischen Güterzuglokomotiven im Winter 1918/19 ist auf einer Bildpostkarte des Stuttgarter Verlages Paul Hommel dokumentiert worden. Das Bild von der Rückkehr kriegsgefangener deutscher Soldaten in das Durchgangslager Mannheim am 12. Oktober 1919 läßt die Probleme erkennen, vor denen das Land und seine Eisenbahn nach dem verlorenen Krieg standen. Arbeit und Aufgaben für Millionen von ehemaligen Militärs mußten gefunden werden. Jeder frühere Eisenbahner wurde bei der neuen Reichsbahn wieder eingestellt.

DEUTSCHE REICHSBAHN-GESELLSCHAFT

Eisenbahn der Reparationen 1920–1933

Der 1. April 1920 gilt als Geburtstag der Deutschen Reichsbahn. Zu diesem Datum setzten die Länder durch einen Staatsvertrag den Artikel 89 der Weimarer Verfassung in die Tat um: »Aufgabe des Reiches ist es, die dem allgemeinen Verkehr dienenden Eisenbahnen in sein Eigentum zu übernehmen und als einheitliche Verkehrsanstalt zu verwalten.« Sie gehörte zum Staatsapparat. Die neue Bahnverwaltung hatte eine Betriebslänge von 53 560 km. Davon entfielen allein auf Preußen 34 443 km, auf Bayern 8526 km, auf Sachsen 3370 km, auf Württemberg 2156 km, auf Baden 1899 km, auf Hessen 1307 km, auf Mecklenburg 1177 km und auf Oldenburg 681 km. Das Reich leistete für diese Bahnen 39 065 Millionen Mark an Abfindung. Ein Reichsverkehrsministerium in Berlin nahm schon Ende 1919 die Arbeit auf, stützte sich aber anfangs noch auf die Verwaltungen der Länder.

Unterdessen mußten Tag für Tag die Züge rollen. Viele zurückkehrende Soldaten wurden eingestellt, denn man hatte allen in den Krieg gezogenen Eisenbahnern die Wiederaufnahme versprochen. Als im Winter 1920/21 ernsthaftere Verkehrsstörungen und eine Finanzkrise auftraten, wurde zum ersten Mal die »Entstaatlichung« und Privatisierung der deutschen Eisenbahnen gefordert; damals ohne Ergebnis. Große Personalausgaben und geringer Verkehr machten die finanzielle Lage der Reichsbahn immer schwieriger. Mit dem billigen Geld der Inflation löste die Reichsbahn aber alte Schulden ab und kaufte sich viele Fahrzeuge. Die Endphase der Inflation selbst und die belgisch-französische Besetzung von Ruhrgebiet und Rheinland bildeten 1923 die nächsten großen Belastungen der Reichseisenbahn. Am 12. Februar 1924 wurde sie durch Notverordnung in ein staatliches Unternehmen namens »Deutsche Reichsbahn« umgewandelt, das den Bahnbetrieb wirtschaftlich und personell ganz unabhängig von der Verwaltung durchführen sollte. Die Reichsregierungen hofften damals, in künftigen guten Zeiten aus den bekannten Eisenbahngewinnen endlich Reparationen an die Siegerstaaten des Ersten Weltkrieges zahlen zu können. Nach einem Vorschlag des amerikanischen Generals Charles Dawes wurde die Eisenbahn mit Gesetz vom 30. August 1924 zur Sicherstellung der deutschen Reparationszahlungen aus dem Ersten Weltkrieg verpfändet: Eine nach privatwirtschaftlichen Methoden arbeitende Deutsche Reichsbahn-Gesellschaft übernahm am 11. Oktober 1924 alle Betriebsrechte. Alleinaktionär war das Reich, ausländische Kontrolleure überwachten ihre Geschäfte. Sie wurde mit einer hypothekarisch gesicherten Schuldverschreibung von elf Milliarden Goldmark belastet, für welche sie aus dem Bahnbetrieb bei fünf Prozent Zinsen und einem Prozent Tilgung jährlich, stufenweise steigend, bis zu 660 Millionen Goldmark aufbringen sollte. Auch die schon 1916 zur Finanzierung des Krieges eingeführte »Verkehrssteuer« von 290

2

Millionen Reichsmark jährlich wurde für die Reparationszahlungen verhaftet. Der Betrag war hoch, andererseits konnte das Deutsche Reich nun endlich wieder internationale Kredite erhalten und seine schwere Nachkriegskrise überwinden. Der Gedanke dahinter war folgender: Wenn eine kaufmännisch arbeitende Gesellschaft vom Reich zu treuen Händen sämtliche Grundstücke, Bauwerke, Fahrzeuge und Zubehör zur Benutzung erhält, verfügt sie über ein großes Aktivum, mit dessen Hilfe sie durchaus die Reparationsleistungen für das Reich (in Gestalt von Verzinsung und Tilgung der Schuldverschreibungen) erbringen kann.
In den folgenden Jahren bemühte sich die Reichsbahn-Gesellschaft durch Rationalisierung auf allen Gebieten um die erwarteten Gewinne für diese Zahlungen. Personalabbau, Modernisierung, kaufmännische Buchführung und Motorisierung bildeten die wichtigsten Schlagworte der Zeit. Ein großer Druck zur Vereinheitlichung der deutschen Bahnen entstand, dem sich mit Erfolg nur die »Gruppenverwaltung Bayern« noch bis 1933 widersetzen konnte. Neue, vereinheitlichte Fahrzeuge wurden entwickelt, haben aber wegen zu geringer Stückzahlen das überholte Rollmaterial der Länderbahnen nicht endgültig abgelöst. In der Weltwirtschaftskrise schrumpfte die Zahl der deutschen Lokomotiv- und Waggonfabriken. Viele Fahrzeuge der Reichsbahn-Gesellschaft wurden seit 1929 stillgelegt, zugleich gab sie auf Wunsch der Reichsregierungen zur Arbeitsbeschaffung neue Dampfloks in Auftrag. Damals ernährte die Eisenbahn 713 000 Angestellte und ihre Familien. Schon 1928 war deutlich geworden, daß die Reichsbahn diese Reparationsgelder wohl nur zahlen konnte, wenn sie die Unterhaltung ihrer Anlagen vernachlässigte. Unfälle und Unwirtschaftlichkeit bedrohten den Betrieb. Nach langen Verhandlungen trat am 17. Mai 1930 der Young-Plan in Kraft. Die Schuldverschreibungen wurden durch eine von der Reichsbahn zu zahlende deutsche Reparationssteuer von 660 Millionen Reichsmark jährlich ersetzt, die ausländischen Kontrollen fielen fort. Mit dem Lausanner Abkommen von 1932 hörten die Reparationszahlungen der Eisenbahn endgültig auf. 1937 stellte Hitler die Reichsbahn wieder »unter die Hoheit des Reiches«. Innerhalb dieser fünf Jahre entwickelte sich die Deutsche Reichsbahn abermals zur Staatsbahn, wenn nicht gar zu einem Staat im Staate.
Seit 1926 stand an der Spitze der Deutschen Reichsbahn-Gesellschaft als ihr Generaldirektor der Ingenieur Julius Dorpmüller, ein Charakterkopf von hohem internationalem Ansehen. Ehrgeiz und Können, Persönlichkeit und Glück machten ihn zur bis heute überhöhten Symbolfigur für das deutsche Eisenbahnwesen vor 1945. Die Reichsverkehrsminister der Weimarer Republik wechselten durch Neuwahlen und Regierungskrisen häufig. Mit dem »Kabinett der Barone« übernahm am 1. Juni 1932 der Freiherr Paul von Eltz-Rübenach, zuvor Präsident der Reichsbahndirektion Karlsruhe, dieses Amt. Er versah diesen Posten auch in der Regierung Hitlers bis Anfang 1937, als ihn Differenzen über die Kirchenpolitik der Nationalsozialisten zum Rücktritt veranlaßten. Julius Dorpmüller wurde sein Nachfolger und blieb Reichsverkehrsminister bis zum Mai 1945.

Der Reichsbahn-Adler

Alle Eisenbahnen und Staatsbahnen dekorieren ihre Fahrzeuge mit Wappen, die Auskunft über den Eigentümer geben. Nachdem die Revolution vom November 1918 die alten Königskronen und monarchistischen Adler von den Schienenfahrzeugen gewischt hatte, führte die Deutsche Reichsbahn-Gesellschaft ein modernes Adlersymbol im charakteristischen Stil des Bauhauses ein. Der Berliner Architekt und Gebrauchsgraphiker Otto Firle hat das markante Zeichen 1923 entworfen. Zwei Größen, nämlich 320 mm und 250 mm Durchmesser, waren vorgesehen. Zunächst wurde es auch an Lokomotiven und für Drucksachen benutzt, nach Streitigkeiten aber nur noch auf Reisezugwagen angebracht. Selbst älteres Rollmaterial, wie der Abteilwagen vom Bahnhof Ducherow zum Seebad Heringsdorf, erhielt ein entsprechendes Abziehbild, gelegentlich kamen auch Blechschilder und Gußteile zur Anwendung. 1937 ersetzte die Reichsbahn dieses Symbol der Republik durch Hakenkreuzadler.

DEUTSCHE·REICHSBAHN·
für Vertrag Nr.
61.-806-
Reichsbahn-Zentralamt
für Maschinenbau
28
Beglaubigt:
Dieses Adlerbild ist für Wagen bestimmt, bei denen die Anbringung
des großen Adlers wegen Platzmangel nicht möglich ist.
Tag
Name
Genehmigt
Gezeichnet
17.4.25
Geprüft
Norm.gepr.
Maßstab
1:1
Deutsche Reichsbahn-Gesellschaft
Eisenbahn-Zentralamt
Berlin
Adler für
Personen-u.Gepäckwag.
B.o.333
Ersatz für
Ersetzt durch

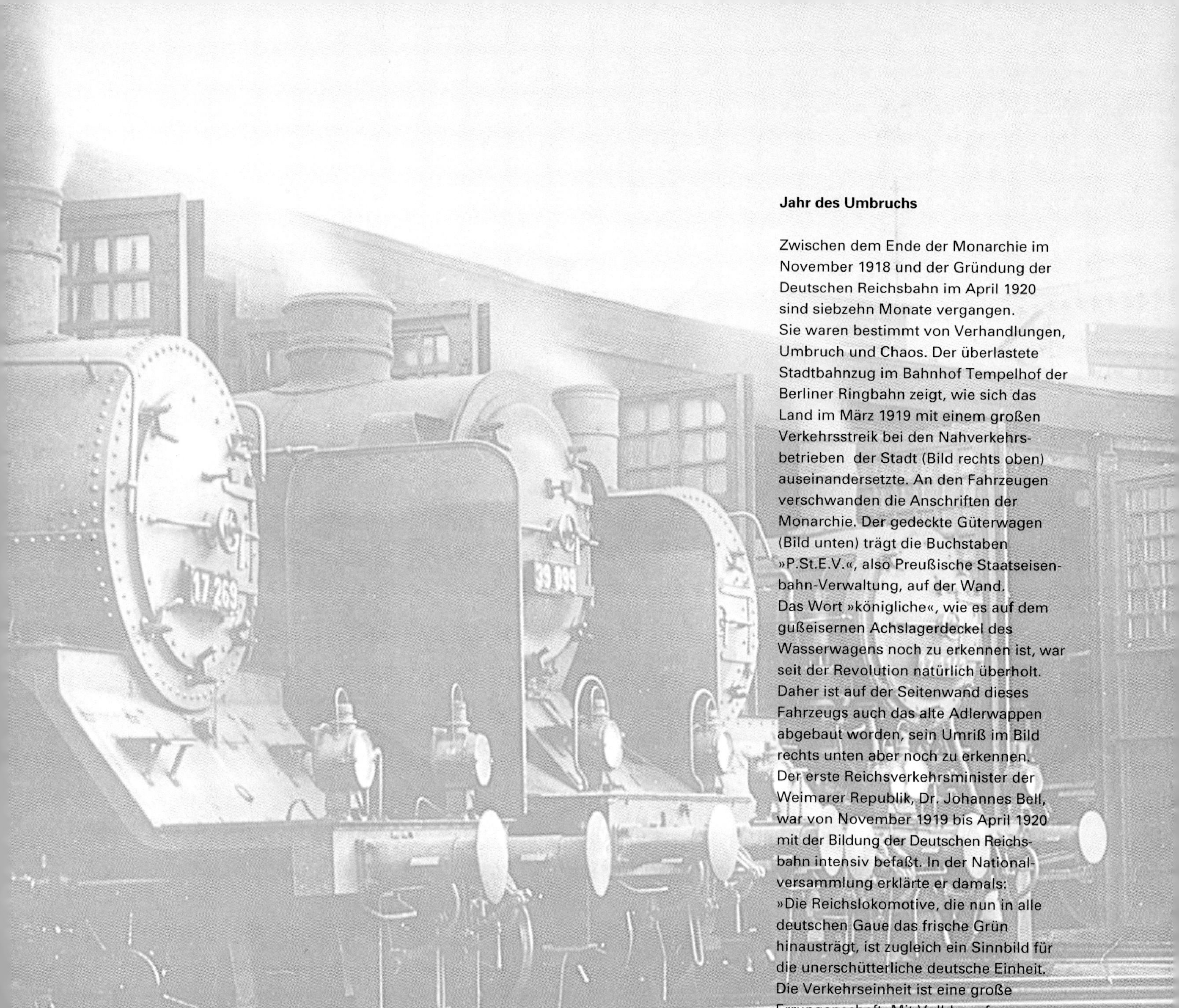

Jahr des Umbruchs

Zwischen dem Ende der Monarchie im November 1918 und der Gründung der Deutschen Reichsbahn im April 1920 sind siebzehn Monate vergangen.
Sie waren bestimmt von Verhandlungen, Umbruch und Chaos. Der überlastete Stadtbahnzug im Bahnhof Tempelhof der Berliner Ringbahn zeigt, wie sich das Land im März 1919 mit einem großen Verkehrsstreik bei den Nahverkehrsbetrieben der Stadt (Bild rechts oben) auseinandersetzte. An den Fahrzeugen verschwanden die Anschriften der Monarchie. Der gedeckte Güterwagen (Bild unten) trägt die Buchstaben »P.St.E.V.«, also Preußische Staatseisenbahn-Verwaltung, auf der Wand.
Das Wort »königliche«, wie es auf dem gußeisernen Achslagerdeckel des Wasserwagens noch zu erkennen ist, war seit der Revolution natürlich überholt. Daher ist auf der Seitenwand dieses Fahrzeugs auch das alte Adlerwappen abgebaut worden, sein Umriß im Bild rechts unten aber noch zu erkennen.
Der erste Reichsverkehrsminister der Weimarer Republik, Dr. Johannes Bell, war von November 1919 bis April 1920 mit der Bildung der Deutschen Reichsbahn intensiv befaßt. In der Nationalversammlung erklärte er damals: »Die Reichslokomotive, die nun in alle deutschen Gaue das frische Grün hinausträgt, ist zugleich ein Sinnbild für die unerschütterliche deutsche Einheit. Die Verkehrseinheit ist eine große Errungenschaft. Mit Volldampf voraus zur Förderung des Verkehrs, zur Wiederaufrichtung der Volkswirtschaft und der Gesundung unseres Vaterlandes!«

Vollring
nach Potsdamer Bf.
(102.)
Verkehrsstreik i. Berlin
Überlasteter Stadtbahnzug

17 1204
17 221

Wasserwagen
12 m³

Reichsbahn-Geldscheine

Durch die Inflation des Jahres 1923 kam zum Ausdruck, wie sehr sich das Deutsche Reich im Ersten Weltkrieg verschuldet hatte. Die laufende Geldentwertung machte es möglich, diese Schulden zu begleichen. Im Taumel der Weimarer Republik wechselten auch die Reichsverkehrsminister häufig, wie die Unterschriften von Wilhelm Groener und Rudolf Oeser auf den Geldscheinen der Bahn erkennen lassen. Bald gaben auch verschiedene Reichsbahndirektionen eigenes Notgeld aus, etwa Karlsruhe in Baden. Die hohen Personalausgaben der Reichsbahn waren zum Risiko für den Staatshaushalt geworden, deshalb wurde sogleich nach der Inflation am 15. November 1923 das Unternehmen »Deutsche Reichsbahn« vom Reichshaushalt getrennt. Da alle aus dem Weltkrieg zurückgekehrten Eisenbahner wieder eingestellt worden waren, besaßen viele Dienststellen einen aufgeblähten Personalbestand. Vor dem Abteilwagen 4. Klasse in Leipzig hatten sich 1921 nicht weniger als 44 Mitarbeiter der Wagenwerkstatt für eine Aufnahme versammelt.

Gutschein
№ 01805
Lit. E
Deutsche Reichsbahn
Zehn Billionen Mark
10 BILLIONEN
Billionen

Deutsche Reichsbahn
DD № 636263
Eine Million Mark
Dieser Schein wird an allen Kassen der Deutschen Reichsbahn wie gesetzliche Zahlmittel in Zahlung genommen und bis zum 31. Oktober 1923 eingelöst.
Berlin, den 12. August 1923.
Der Reichsverkehrsminister:

Lit. C
Gutschein
Deutsche Reichsbahn
Fünfhundert Milliarden Mark
№ 50032
500 Milliarden Mark

Eine Milliarde Mark
Deutsche Reichsbahn
Dieser Schein wird an allen öffentlichen Kassen wie gesetzliche Zahlmittel angenommen, er kann vom 1. Januar 1924 ab mit dreimonatiger Frist zur Einlösung aufgerufen werden.
Berlin, den 18. Oktober 1923.
Der Reichsverkehrsminister
HR-18
07580
Milliarde

DEUTSCHE VERKEHRSAUSSTELLUNG
MÜNCHEN 1925

EINTRITTSKARTE

TAGESKARTE 085665 TAGESKARTE

Berechtigt zum einmaligen Besuch der Deutschen Verkehrsausstellung.
Ohne Kontrollabschnitt ungültig.

1 Mark — Diese Karte ist aufzubewahren und dem Aufsichts-Personal auf Verlangen vorzuzeigen. — 1 Mark

Gebr. Parcus A. G. München

KRAUSS-MÜNCHEN
liefert
DAMPFLOKOMOTIVEN, FEUERLOSE LOKOMOTIVEN
ELEKTRISCHE und MOTOR-LOKOMOTIVEN,
EISENBAHN-SICHERUNGSANLAGEN,
DREHBÄNKE, HOBEL- u. SHAPINGMASCH…,
STAHLGUSS, TEMPERGUSS, EISENGUSS, …SS.

(S. 1)

Fahrkartendruck J. B. Grassl, Mün…

Seddin und München

Zwei Verkehrsausstellungen markierten den Stand der Technik am Anfang der Reichsbahnzeit. Im Süden Berlins fand vom 21. September bis zum 5. Oktober 1924 die große »Eisenbahntechnische Ausstellung« statt. Präsentiert wurden neben den modernsten Dampfloks vor allem Prototypen von Turbinenlokomotiven, Motorloks, Dieseltriebwagen und Großraumwaggons jüngster Konstruktion. Fast 120 Lokomotiven und Triebwagen sowie rund 150 Waggons waren dort zu sehen (Bild links oben). In Seddin wie bei der »Deutschen Verkehrs-Ausstellung«, die vom Juni bis zum Oktober 1925 in München abgehalten wurde, spielte die Demonstration der deutschen Wirtschaftskraft eine maßgebliche Rolle. Neben riesigen Schnellzuglokomotiven zog in München eine Liliput-Bahn die Aufmerksamkeit der Besucher an der Theresienhöhe auf sich (Bild links unten). 1925 war auch das Jahr, in welchem der alte Feldmarschall Paul von Hindenburg die Nachfolge des ersten deutschen Reichspräsidenten Friedrich Ebert antrat. Am 12. Mai 1925 reiste er mit dem Sonderzug von seinem Ruhesitz Hannover wieder nach Berlin.

Reichsbahn-Generaldirektor

Als erster Generaldirektor der neuen Deutschen Reichsbahn-Gesellschaft wurde 1924 der Politiker Rudolf Oeser eingesetzt, zu seinem Ständigen Stellvertreter wurde zugleich der Bauingenieur Julius Dorpmüller berufen. Er rückte nach Oesers Tod 1926 zum Generaldirektor auf und nahm diese Aufgabe bis zum Kriegsende 1945 wahr. Durch seine großen internationalen Erfahrungen verstand es Dorpmüller, zwischen den Rollen der Reichsbahn als Reparationsobjekt und als Staatsbahn zu vermitteln. Den Eisenbahnern war er bei seinen Reisen und Reden eine vertrauenswürdige Symbolfigur; zahllos sind seine öffentlichen Auftritte, Ansprachen und Erklärungen. Auch als am 3. Januar 1931 der neue Luxuszug »Riviera-Napoli-Expreß« vom Anhalter Bahnhof in Berlin abgelassen wurde, war er auf dem Bahnsteig (Bild links oben). Das Lokomotivbild von Werner Hubert zeigt diesen Zug L 20 bei der Einfahrt in Leipzig Hauptbahnhof (links unten). Bald nach seinem Amtsantritt hatte er 1927 den Merksatz formuliert: »Die Deutsche Reichsbahn ist auf Gedeih und Verderb mit der deutschen Wirtschaft verbunden.« Die Bronzebüste von Helene Leven-Intze ist um 1938 entstanden. Auch im Gruppenbild der leitenden Reichsbahn-Beamten und Industriellen vor der Schwartzkopff-Löffler-Hochdrucklokomotive in Wildau bei Berlin 1930 auf der folgenden Doppelseite ist Dorpmüller unübersehbar.

Deutsche Reichsbahn-Gesellschaft
VOM WOLLEN ZUM KÖNNEN!
Die deutsche Reichsbahn ist auf Gedeih und Verderb mit der Deutschen Wirtschaft verbunden.
Dorpmüller

DORPMÜLLER

H 02 1001

H 02 1001
9992.

Im Rheingold-Expreß

Der sagenhafte Name »Rheingold« aus Mythologie und Oper stand vor dem Krieg auch für ein Grand-Hotel auf Schienen. Der »Rheingold« war mehr als ein Zug, er war ein Begriff für den internationalen Anspruch der Reichsbahn. Und mit ihm verband sich seit dem 15. Mai 1928 die Vorstellung luxuriösen Reisens im einzigen Salonwagenzug der alten Deutschen Reichsbahn.
»Rheingold« – das bedeutete eine Fahrt im großen Stil von den Niederlanden den Fluß hinauf bis in die Schweiz.
Seine Maffei-Dampflokomotiven, seine violett-cremefarbenen Pullmann-Wagen, die vornehmen Fahrgäste und ein Mitropa-Service ohnegleichen machten ihn zum prominentesten Zug der zwanziger und dreißiger Jahre.
Hier begegnet uns der Zug am Rhein bei Trechtingshausen; die Aufnahme von Paul Wolff aus dem Salonwagen 1. Klasse zeigt die Stimmung der Teestunde am Fenster. Ausdrucksvoll war das erste Zugbegleiter-Heft von Richard Friese gestaltet.

LONDON
AMSTERDAM
HOEK VAN HOLLAND
KÖLN
BASEL
LUZERN
Mit dem
Rheingold
schnellste Reiseverbindung
von der Nordsee zu den Alpen
Auskünfte geben alle Bahnhöfe und Reisebüros
DEUTSCHE REICHSBAHN

Der Hindenburgdamm

Die ersten Betriebsjahre des Rheingoldzuges gehören zu einer Epoche, die leicht und unzutreffend als »goldene Zwanziger« bezeichnet werden.
Dieser Zug war exklusiv auch im wörtlichen Sinne, weil er weniger begüterte Kreise von seiner Benutzung ausschloß. Die Szene vom Wassernehmen in Köln (links) zeigt, daß dieser Expreß für wenige wohlhabende Reisende gefahren wurde. Große Bedeutung in dieser Zeit besaß auch der Bau des Hindenburgdamms zwischen dem Festland und der Nordseeinsel Sylt, die nach den Gebietsabtretungen von Versailles mit Schiffen schwer zu erreichen war.
Auf dem Damm wurde nur ein Eisenbahngleis angelegt, also Beschäftigung für die Bahn bis heute garantiert. Reichspräsident und Namensgeber Hindenburg erschien am 1. Juni 1927 mit dem Sonderzug zur Eröffnung des Bauwerks in Westerland persönlich.

Elektrifizierung der Reichsbahn

Nur etwa drei Prozent des gesamten Reichsbahnnetzes von 53 790 km wurden Anfang 1930 elektrisch betrieben. Davon entfielen 698 km auf bayerische Strecken, 296 km auf schlesische Gebirgsbahnen, 188 km auf Linien im mitteldeutschen Braunkohlengebiet, 48 km auf badische Strecken sowie 273 km auf die Vorortbahnen von Berlin und Hamburg. Die Reichsbahn-Gesellschaft besaß damals 388 elektrische Lokomotiven, 678 elektrische Triebwagen für Oberleitung und Stromschiene sowie 170 Akkumulatortriebwagen bei einem Bestand von 23 725 Dampflokomotiven. Modernste elektrische Maschine der Reichsbahn war damals die Mehrzwecklok der Reihe E 44 von 1932 (rechts) mit zwei Drehgestellen und Einzelachsantrieb, doch die Mehrzahl des Bestandes besaß noch Stangenantrieb wie die vormals bayerische Personenzuglok EP 5, spätere E 52 von 1924 (unten), und die alte preußische Schnellzuglok ES 51, spätere E 06 von 1925 (oben).

E 44 019
Haftpfl. b. 34
Unt. 33
Anstrich 33
Herberts
Haftpfl. b. 36

Die Einheitslokomotiven

Zur Erneuerung ihres Lokomotivbestandes entschloß sich die Reichsbahn 1923, statt der älteren Dampflokomotivtypen nur noch vereinheitlichte Maschinen moderner Konstruktion zu beschaffen. Ein umfangreiches Programm von Einheitslokomotiven wurde gemeinsam mit der Industrie entwickelt. Normung, Typisierung und Austauschbau waren die Kennzeichen dieser bis heute unvergessenen Fahrzeuge. Die neuen Führerhäuser waren geräumig und funktional, wie ein Blick auf den Arbeitsplatz von Lokführer und Heizer der Maschine 02 003 von Henschel & Sohn in Kassel aus dem Jahr 1925 erkennen läßt. Größere Stückzahlen von Einheitslokomotiven wurden ab 1928 auch für den Nebenbahnbetrieb gebaut, wie das Beispiel von fünf Maschinen der Baureihe 86 in der Lokomotivfabrik Schichau in Elbing zeigt. 1927 verfügte die Reichsbahn über mehr als 800 000 Fahrzeuge, nämlich 690 000 Güterwagen, 63 900 Personenwagen, 27 6000 Lokomotiven, 21 800 Gepäckwagen und 1000 Triebwagen.

S
BAHN
HER
REICHSBAHNDIREKTION BERLIN
9 V9 (Pst) 2 Aufl. Dez. 1933

Berliner S-Bahn

Der Eisenbahnbetrieb auf der Stadt-, Ring- und Vorortbahn der Reichshauptstadt hatte bereits vor dem Ersten Weltkrieg eine so große Dichte erreicht, daß seine Umstellung auf elektrischen Betrieb in Angriff genommen werden sollte. Durch die Zeitumstände wurde aber erst 1924 mit der Umrüstung der nördlichen Vorortstrecken nach Oranienburg, Bernau und Velten begonnen. Die »Große Stadtbahn-Elektrifizierung« von 1928 stellte den Massenverkehr schlagartig auf das neue Verkehrsmittel um. An der Berliner Stadtbahnstrecke wurden Stromschienen montiert, 1268 moderne S-Bahn-Wagen beschafft, zahlreiche stilvolle Bauwerke für die Stromversorgung wurden errichtet. Dieses schnelle, zuverlässige und preiswerte Verkehrssystem mit seinen typischen rot-gelben Wagen wurde für Jahrzehnte zum Vorbild für alle anderen deutschen S-Bahn-Netze. Berufsverkehr, Zubringer zum Fernverkehr und Ausflugsverkehr waren die Hauptaufgaben der Berliner S-Bahn. Das bunte Prospektblatt von 1932/33, die Bahnsteigszene aus Spandau West und der Blick in ein Nichtraucherabteil 3. Klasse des Stadtbahnzuges von 1929 erinnern an diese Zeit.

Bahnhöfe der Reichsbahn

Die Mehrzahl der riesigen Großstadbahnhöfe, dieser »Kathedralen des Verkehrs«, wurde vor 1918 von den alten Länderbahnen errichtet. Dennoch mußte auch die Reichsbahn zahlreiche Erweiterungen und Ersatzbauten vornehmen. 1930 besaß die Reichsbahn 9694 Bahnhöfe und 2340 Haltepunkte. Hier fünf davon: In Stuttgart (1922, rechts) und Königsberg (1926, links oben) waren die Gleisanlagen dieser Städte großzügig umgestaltet worden, in Beuthen (1930, Mitte) und Meißen (1928, rechts oben) mußten abgängige Altbauten ersetzt werden, in Westerland (1927, ganz unten) war etwas Neues zu schaffen. Die Baustile dieser Epoche vor 1933 reichen vom Werkbund über den Expressionismus bis zur frühen Moderne.
Die Größe dieser Bauten läßt erkennen, daß die Eisenbahn damals immer noch das Verkehrsmonopol innehatte.

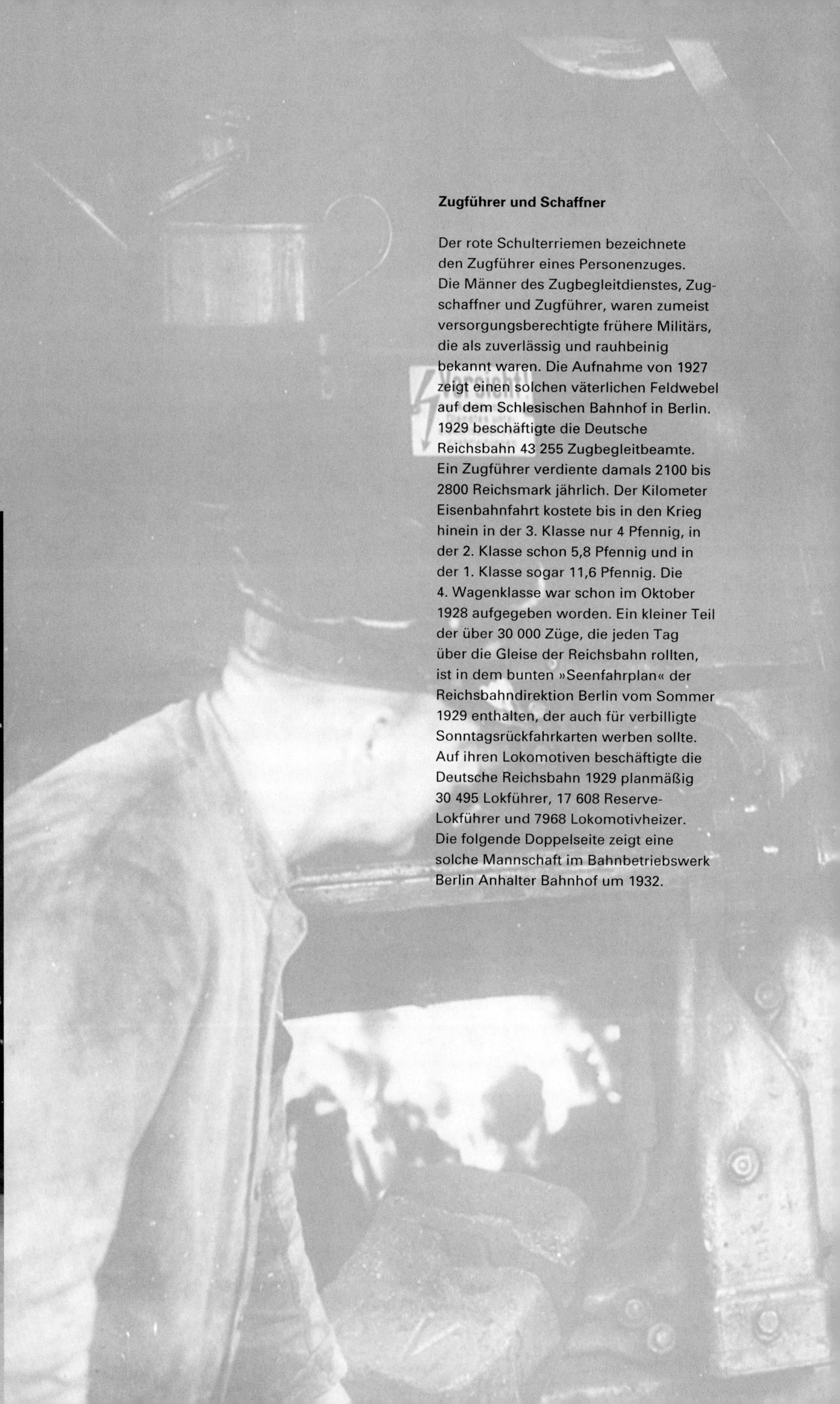

Zugführer und Schaffner

Der rote Schulterriemen bezeichnete den Zugführer eines Personenzuges. Die Männer des Zugbegleitdienstes, Zugschaffner und Zugführer, waren zumeist versorgungsberechtigte frühere Militärs, die als zuverlässig und rauhbeinig bekannt waren. Die Aufnahme von 1927 zeigt einen solchen väterlichen Feldwebel auf dem Schlesischen Bahnhof in Berlin. 1929 beschäftigte die Deutsche Reichsbahn 43 255 Zugbegleitbeamte. Ein Zugführer verdiente damals 2100 bis 2800 Reichsmark jährlich. Der Kilometer Eisenbahnfahrt kostete bis in den Krieg hinein in der 3. Klasse nur 4 Pfennig, in der 2. Klasse schon 5,8 Pfennig und in der 1. Klasse sogar 11,6 Pfennig. Die 4. Wagenklasse war schon im Oktober 1928 aufgegeben worden. Ein kleiner Teil der über 30 000 Züge, die jeden Tag über die Gleise der Reichsbahn rollten, ist in dem bunten »Seenfahrplan« der Reichsbahndirektion Berlin vom Sommer 1929 enthalten, der auch für verbilligte Sonntagsrückfahrkarten werben sollte. Auf ihren Lokomotiven beschäftigte die Deutsche Reichsbahn 1929 planmäßig 30 495 Lokführer, 17 608 Reserve-Lokführer und 7968 Lokomotivheizer. Die folgende Doppelseite zeigt eine solche Mannschaft im Bahnbetriebswerk Berlin Anhalter Bahnhof um 1932.

Sie fahren mit der Reichsbahn
schnell und billig an die märkischen Seen!
Deutsche Reichsbahn Gesellschaft
Reichsbahndirektion Berlin
Sommerausgabe 1929
Preis 0,30 RM.

Zuverlässigkeit der Reichsbahn

Ein bekanntes, sehr geschmackvolles Plakat der Deutschen Reichsbahn nach Entwurf von Hans Joachim Barschel erschien 1932 in den Aushängen. Dynamisch vorwärtsstrebende Räder und bunte Signallichter sollten helfen, das durch eine Unfallserie angekratzte Image der Eisenbahn zu verbessern. Zuverlässigkeit konnte die Reichsbahn aber nur gewährleisten, wenn ihre Bediensteten im Gleisbau, im Fahrdienst, auf dem Stellwerk, in der Zugleitung und auf allen anderen Posten so pflichtbewußt und diszipliniert ihren Dienst taten wie die beiden Männer auf dem Landbahnhof in Thyrow südlich von Berlin. Der Fotograf Friedrich Seidenstücker hat sie 1930 beobachtet.

ZUVERLÄSSIG!
DEUTSCHE REICHSBAHN

Eisenbahn-Unfälle

Lang anhaltender Streit bestand in den Jahren nach 1924 darüber, ob die Deutsche Reichsbahn-Gesellschaft ihre Gewinne für die Reparationszahlungen zu Lasten der Betriebssicherheit erzielte. Man fragte, ob die regelmäßige Erneuerung der Bahnanlagen und deren Anpassung an den Fortschritt nicht gewährleistet war, weil die Gesellschaft zuerst die Reparations-Schuldverschreibungen vorrangig bedienen mußte. Eine Serie von Eisenbahnunfällen schockierte zwischen 1926 und 1930 die Öffentlichkeit. Besonders Auffahrunfälle wie in München-Ost zu Pfingsten 1926 (Bild links oben) oder Entgleisungen wie bei Siegelsdorf im Juni 1928 beschäftigten die Presse. Dagegen ließ sich das Unglück von Jüterbog am 8. August 1931 (Bild links unten) auf das Attentat eines ungarischen Extremisten zurückführen. Gleichzeitig versuchte die Reichsbahn, durch moderne Zugsicherungssysteme für mehr Zuverlässigkeit auf Schienen zu sorgen. Nach Signalsystemen mit optischer Informationsübertragung wurden bei der Reichsbahn neue Apparate mit elektroinduktiver Meldung erprobt. Die Personenzuglokomotive 38 3652 der preußischen Gattung P 8 erhielt 1930 eine »Indulor«, also eine induktive Zugsicherung nach System Lorenz (Bild rechts). Die Strecke mußte mit entsprechenden Gebern ausgerüstet sein, um den Zug beim Überfahren eines Haltsignals zum Stehen zu bringen. Bald darauf setzte sich das System »Indusi« von Siemens durch, das bis heute noch angewandt wird.

Deutsche Reichsbahn
38 3652
Elsterwerda
P 35.17
Kipprost
1262 B

Wagen
3
Mz.Kastel-Frankfurt Main Hbf-Fulda
Erfurt-Leipzig
Berlin Anh.Bhf.

Netzkarten und Bezirkskarten

Die üblichen Reichsbahn-Fahrkarten des Jahres 1930 waren die bekannte »Edmonsonsche Karte« aus Pappe, die Buchfahrkarte für die Reise über mehrere Verkehrsanstalten, die Blankokarte mit handschriftlichen Eintragungen, der Beförderungsschein und der Abfertigungsschein für große Gruppen sowie das rotgetönte Fahrscheinheft des Mitteleuropäischen Reisebüros. Am 1. Januar 1932 wurden, Wünschen von Handelsreisenden folgend, die Netz- und Bezirkskarten als Dauerkarten für ein bestimmtes Gebiet eingeführt. Das bunte Heft rechts erschien damals. Es bestanden 18 Netze von jeweils etwa 7000 km Streckenlänge, aber auch das Gesamtnetz und zahlreiche Bezirke von jeweils etwa 1000 km Streckenlänge wurden angeboten. 1935 kostete eine Netzkarte für die gesamte Reichsbahn mit einem Monat Geltungsdauer in der 2. Klasse (D-Zug) den Betrag von 260 Reichsmark, eine Bezirkskarte in der 3. Klasse war für 40 Reichsmark zu haben. Die Bahnsteigszene auf dem Hauptbahnhof Frankfurt am Main 1931 und das Bild der Wagenputzer in Wiesbaden 1933 sollen die Züge jener Zeit noch einmal zeigen.

Der Propellertriebwagen

Kaum ein Eisenbahnfahrzeug aus der Vorkriegszeit ist so bekannt geworden wie der »Schienenzeppelin«. Eine Studiengesellschaft unter der Leitung des Luftschiffbauers Franz Kruckenberg entwarf ihn auf eigenes Risiko, aber mit Unterstützung der Reichsbahn. Nicht nur ein neues Fahrzeug, sondern Schnellverkehr mit häufig verkehrenden Wagen auf eigenen Gleisen war das Ziel des Erfinders. Probefahrten fanden auf der noch nicht fertiggestellten »Hasenbahn« von Hannover nach Burgwedel im Herbst 1930 statt; (Bild rechte Seite).
Bei seiner einzigen öffentlichen Demonstrationsfahrt am Sonntag, dem 21. Juni 1931, wurde zwischen Bergedorf bei Hamburg und Spandau vor Berlin eine Höchstgeschwindigkeit von 230 km/h erreicht. Die Modernität der Formgebung ist im Kontrast zur vorbeidampfenden Güterzuglokomotive der Gattung T 14 nicht zu übersehen; (Bild links unten).
Für das Gruppenbild vor dem »Schienenzeppelin« auf Bahnhof Dollbergen bei Lehrte haben sich am 10. Mai 1931 die Ingenieure Heyner, Kruckenberg, Stedefeld und Black aufgestellt; (Bild oben).

REICHSBAHN IM DRITTEN REICH

3

Staatsbahn und Nationalsozialismus 1933–1939

Mit dem Beginn der Hitlerzeit 1933 wandelte sich Deutschland vollständig. An der Organisation der Deutschen Reichsbahn änderte sich jedoch mit der Machtübernahme der Nationalsozialisten am 30. Januar 1933 zunächst einmal nichts. Verkehrsminister von Eltz-Rübenach und Generaldirektor Dorpmüller blieben in ihren Ämtern; diese Tatsache allein verdient besondere Erwähnung. Viele Ergebenheitsadressen gingen aus der Reichsbahn-Hauptverwaltung zur Reichskanzlei. Die Spitze der Reichsbahn machte sich Hoffnungen, daß die neue Regierung ihr endlich mehr Geld zuweisen und sie durch politische Eingriffe vor der Konkurrenz des Straßenverkehrs schützen würde, doch es kam anders. Am 27. Juni 1933 wurde die »Gesellschaft Reichsautobahnen« als Zweig der Reichsbahn gegründet. Julius Dorpmüller wurde nebenher ihr erster Vorsitzender. Geld und Beamte von der Reichsbahn mußten diese riesige Arbeitsbeschaffungsmaßnahme schnell in Fahrt bringen, ohne Nutzen für sie.

Es dauerte nicht lange, und Dorpmüllers bisheriger Stellvertreter als Generaldirektor, Wilhelm Weirauch, wurde im August 1933 durch den strammen Parteigenossen Wilhelm Kleinmann ersetzt, der sich besonders um die Personalpolitik kümmerte. Wie alle Staatsverwaltungen hat auch die Deutsche Reichsbahn schon seit April 1933 jüdische und sozialdemokratische Beamte in großer Zahl entlassen. Dafür wurden großzügig die »alten Kämpfer« gefördert. Um die Arbeitslosenzahlen zu senken, stellte die Reichsbahn auf Wunsch der Regierung Zehntausende von Streckenbauarbeitern und Junghelfern schon im Jahre 1933 ein. Ein Tunnel für die Nord-Süd-S-Bahn in Berlin wurde ebenfalls zur Schaffung von Arbeit gebaut, doch große Programme für die Erneuerung des Fahrzeugparks konnten zur Enttäuschung der Reichsbahn vorerst nicht aufgelegt werden.

Im Jahr 1935 nutzte die Reichsbahn die Hundertjahrfeier der deutschen Eisenbahnen zu einer Demonstration ihrer Bedeutung und ihrer Möglichkeiten. Eine große Ausstellung im Sommer und eine machtvoll inszenierte Jubiläumsparade im Dezember 1935 sollten Hitler, dem starke Sympathien für das Automobil nachgesagt wurden, von den Fähigkeiten des modernen Schienenverkehrs überzeugen. Den gleichen Sinn hatte der Aufbau eines auf Berlin ausgerichteten Schnelltriebwagennetzes, mit dem nun Beamte und Geschäftsleute aus anderen Großstädten morgens in die Reichshauptstadt kommen und abends wieder zurückfahren konnten; ein unmißverständlicher Ausdruck der staatlichen Zentralisierung im Dritten Reich.

Als am 11. Mai 1936 die Stromlinien-Dampflokomotive 05 002 der Deutschen Reichsbahn mit 200,4 km/h einen Geschwindigkeits-Weltrekord aufstellte, wurde das auch als ein nationaler Triumph verstanden, der auf die Besetzung des entmilitarisierten Rheinlandes durch deutsche Truppen im März 1936 wirksam folgte. Wenig bekannt ist, daß dieser Rekord bei einer Propagandafahrt für Angehörige der Wehrmacht und der Partei erreicht worden ist, an der inkognito übrigens Heinrich Himmler und Reinhard Heydrich von der SS teilgenommen haben.

Obwohl seit 1932 keine Reparationen mehr gezahlt wurden, bestand die Deutsche Reichsbahn-Gesellschaft weiterhin fort. Am 30. Januar 1937 erklärte Hitler im Reichstag, daß die Reichsbahn »ihres bisherigen Charakters entkleidet und restlos unter die Hoheit der Regierung des Reiches« gestellt werde. Die Hauptverwaltung der Gesellschaft ging im Reichsverkehrsministerium auf, und Generaldirektor Julius Dorpmüller wurde zum neuen Reichsverkehrsminister ernannt. Wieder machte sich Dorpmüller, der mittlerweile im 68. Lebensjahr stand, Hoffnungen auf eine wachsende Bedeutung der Reichsbahn. Tatsächlich gelang es ihm, ihre Stahlzuteilung in den an Material knappen Jahren der Aufrüstung zu erhöhen. Rückstände aus den zwanziger Jahren wurden aufgeholt, die Eisenbahn baute ihre Strecken aus und bereitete sich auf mancherlei Ereignisse vor. Es hieß später oft, das Dritte Reich habe seine Bahn nicht in die Kriegsplanung einbezogen, doch diese These ist heute nicht mehr haltbar. Auch die Deutsche Reichsbahn hat sich seit 1937 massiv auf militärische Konflikte vorbereitet; sie hat deren späteren Umfang aber, wie Hitler und seine Generale selbst, wohl nicht vorhergesehen. 1937 begannen Luftschutzübungen auf dem Reichsbahngelände, auch dies ein Zeichen der Zeit. Wichtige Veränderungen am Umfang der Deutschen Reichsbahn traten 1938 mit dem »Anschluß« Österreichs und des Sudetenlandes ein. Die Reichsbahndirektionen Wien, Linz und Villach entstanden. Fremd wirkten ihre Uniformen und der Linksverkehr auf vielen Strecken, doch man betrieb ihre Einordnung in die Reichsbahn-Regeln mit allen Kräften.

Die Betriebslänge der Staatsbahn lag in den alten Reichsgrenzen am Jahresende 1937 bei 54 520 km, mit Österreich und Sudeten ein Jahr später bei 62 820 km. Nach der Eingliederung von Posen, Westpreußen und Oberschlesien in das Reich war Ende 1939 eine Betriebslänge von 71 280 km zu verzeichnen. Die Zahl der Reichsbahner ist zwischen 1936 und 1939 von 663 000 auf fast eine Million (exakt 958 000) erhöht worden, hat sich also gegenüber 1933 fast verdoppelt.

Aufrüstung und Anschluß vermehrten die Aufgaben der Eisenbahn. Der Fahrplan wurde dichter, die Belastung der Bahn wuchs. Anfang 1938 hatte sie wegen Verkehrsmangels noch 400 Lokomotiven und 82 500 Güterwagen abgestellt. Für 1939 mußten überstürzt 1000 Lokomotiven, 1100 Personenwagen und 16 000 Güterwagen neu bestellt werden. Mit dem Vierjahresplan von 1940 bis 1943 wollte man 6000 Loks, 10 000 Personenwagen und 112 000 Güterwagen sowie 17 300 Kraftwagen für insgesamt 3,5 Milliarden Reichmark einkaufen. Am 1. September 1939 begann der Krieg gegen Polen.

Gleichgeschaltete Reichsbahn

Mit der Machtübernahme der Nationalsozialisten erschienen Parteiabzeichen und SA-Uniformen nicht nur bei den Fahrgästen, sondern auch bei den Beamten der Reichsbahn. Das war bei den kollektiven Aufmärschen mit Musik (rechts oben) zum 1. Mai 1934 ebenso zu sehen wie bei den verbilligten Ausflugszügen nach dem Nordseebad Büsum im Sommer 1934 (rechts unten). Ein gewisser Stilwandel trat damals auch bei den Bahnhofsbauten ein, denn dort setzte sich mit Verspätung die Neue Sachlichkeit der zwanziger Jahre durch. Die hier von oben nach unten gezeigten Empfangsgebäude waren sämtlich zur Jahreswende 1932/33 bereits im Bau: Während in Düsseldorf und Friedrichshafen noch markante Uhrentürme die Silhouetten der Empfangsgebäude beherrschten, entstanden in Duisburg und Tuttlingen geradlinige Zweckformen, zuletzt bereits wieder im bald so genannten Reichskanzlei-Stil dekoriert.

Deutsche
Reichsbahn

19.8.34.
1

Der »Fliegende Hamburger«

Ein dieselelektrischer Schnelltriebwagen mit der schlichten Reichsbahn–Nummer 877 a/b ist längst zur Legende geworden: Im Schnellverkehr zwischen Berlin und Hamburg seit dem 15. Mai 1933 eingesetzt, hat dieser Wagen den Beinamen »Fliegender Hamburger« erhalten. Zwei Motoren von jeweils 410 PS Leistung, kompakte Bauweise und leichte Stromlinienform erlaubten ihm eine fahrplanmäßige Höchstgeschwindigkeit von 160 km/h. Ein Tachometer im Fahrgastraum ließ die Reisenden an dieser Leistung teilhaben. An einer kleinen Bar konnte man das Ereignis feiern. Bunte Postkarten und farbige Zigarettenbilder trugen ebenfalls dazu bei, dieses Einzelfahrzeug im Bewußtsein weiter Kreise zu verankern. Sein Erfolg ermunterte die Reichsbahn dazu, 13 weitere Schnelltriebwagen des Typs »Hamburg« zu bestellen, mit denen ab 1935 das bekannte Schnelltriebwagennetz aufgebaut wurde. Welche enorme logistische und organisatorische Leistung der Betrieb von Schnellzügen und Fernschnelltriebwagen bedeutete, läßt die große Luftaufnahme aus dem Bildarchiv Preußischer Kulturbesitz vom Hauptbahnhof in Leipzig mit seinen 26 Bahnsteiggleisen im Frühjahr 1937 auf der folgenden Doppelseite ahnen.

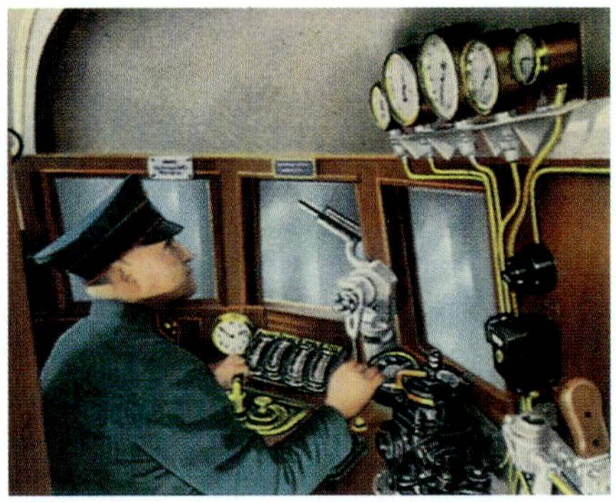

Deutsche Reichsbahn

Jubiläum der deutschen Eisenbahnen

Am 7. Dezember 1935 waren hundert Jahre vergangen, seit die erste deutsche Eisenbahn zwischen Nürnberg und Fürth ihren Betrieb aufgenommen hatte.
Die alte Deutsche Reichsbahn empfand sich in diesem Jubiläumsjahr als das größte und modernste Verkehrsunternehmen der Welt: Stromlinienlokomotive und Schnelltriebwagen, der bekannte Henschel-Wegmann-Zug, die elektrische Schnellzuglok E 18 und die erste Diesellokomotive für den Streckendienst traten 1935 ihre Jungfernfahrten an. Mehr als 653 000 Eisenbahner machten täglich auf dem riesigen Streckennetz ihren Dienst. Eine große Ausstellung in Nürnberg (Bild unten) führte vom 14. Juli bis zum 13. Oktober 1935 Techniker und Laien gleichermaßen die neuen Typen von Lokomotiven und Wagen vor Augen; eine gewaltige Parade (Bild oben) dort auf dem Rangierbahnhof zeigte die Fahrzeuge am 8. Dezember 1935 für die Wochenschau in Bewegung. Aber Nürnberg 1935 war auch die Stadt des »Reichsparteitages der Freiheit« der NSDAP im September, auf dem Hitler die nationalsozialistischen Rassengesetze proklamierte. Zu diesem Ereignis brachte die Reichsbahn rund 850 000 Menschen mit 532 Sonderzügen in die Stadt. Das farbige Plakat zur Ausstellung in Nürnberg hat der Maler Jupp Wiertz entworfen.

100 JAHRE
DEUTSCHE EISENBAHNEN
AUSSTELLUNG NÜRNBERG 1935
14. JULI - ANFANG SEPTEMBER

Stromlinien-Lokomotiven

Ursprünglich hatte die Reichsbahn nur eine Schnellfahrlokomotive zur Erprobung neuer Reisezugwagen entwickeln wollen, doch die Hundertjahrfeier der Eisenbahn und der neue Nationalstolz ließen 1935 aus der Dampflok-Baureihe 05 mehr werden: Die schnellste Dampflokomotive der Welt entstand bei Borsig in Berlin-Tegel. Ihre Ablieferung an die Reichsbahn am 8. März 1935 wurde von den Kameraleuten der Wochenschauen (rechts) aufgezeichnet. Wie stark die Wirkung dieser Filme und der Illustriertenberichte war, zeigt auch der Blick in das deutsche Heim zu Weihnachten 1935. Nicht nur konventionelle elektrische Eisenbahnen drehten dort ihre Runden, sondern auch der stromlinienförmige »Schienenzeppelin« und der elegante »Fliegende Hamburger« von Märklin in der Spur I erfreuten die Knaben. Die »Stromlinie«, mit der Lokomotiven und Wagen windschnittig verkleidet wurden, ist kulturgeschichtlich längst als Symbol für die Verdeckung von Mängeln und Widersprüchen unter einer glatten und pompösen Hülle erkannt worden. Die Lokomotive 61 001 für den Henschel-Wegmann-Zug (unten) sah wohl gut aus, war aber schwierig zu fahren.

05 001

Die roten Mitropa-Wagen

Während des Ersten Weltkriegs, zur Jahreswende 1916/17, hatte die »Mitteleuropäische Schlafwagen- und Speisewagen-Aktien-Gesellschaft« ihren Geschäftsbetrieb aufgenommen. Wichtigste Aufgabe war die Verdrängung der belgisch-französischen Schlafwagengesellschaft von den Schienen der Mittelmächte gewesen. Auch nach dem Frieden von Versailles dauerte dieses Konkurrenzverhältnis fort. Die Mitropa, deren Aktienmehrheit sich im Besitz der Reichsbahn befand, ließ 1927/28 ihre Wagen in einem auffallenden Weinrot lackieren; Leistung und Werbung wurden verbessert. Den Umschlag zum Schlafwagen-Fahrplan hat der Grafiker Walter Hemming aus Düsseldorf 1929 gestaltet. Die Mitropa-Schrift und ihr zum »M« stilisierter Adler auf Rädern wirkten ebenso modern wie die expressionistischen Bauten hinter dem vorüberfahrenden Zug. 1939 standen bei der Mitropa 244 Schlafwagen und 298 Speisewagen im täglichen Einsatz.

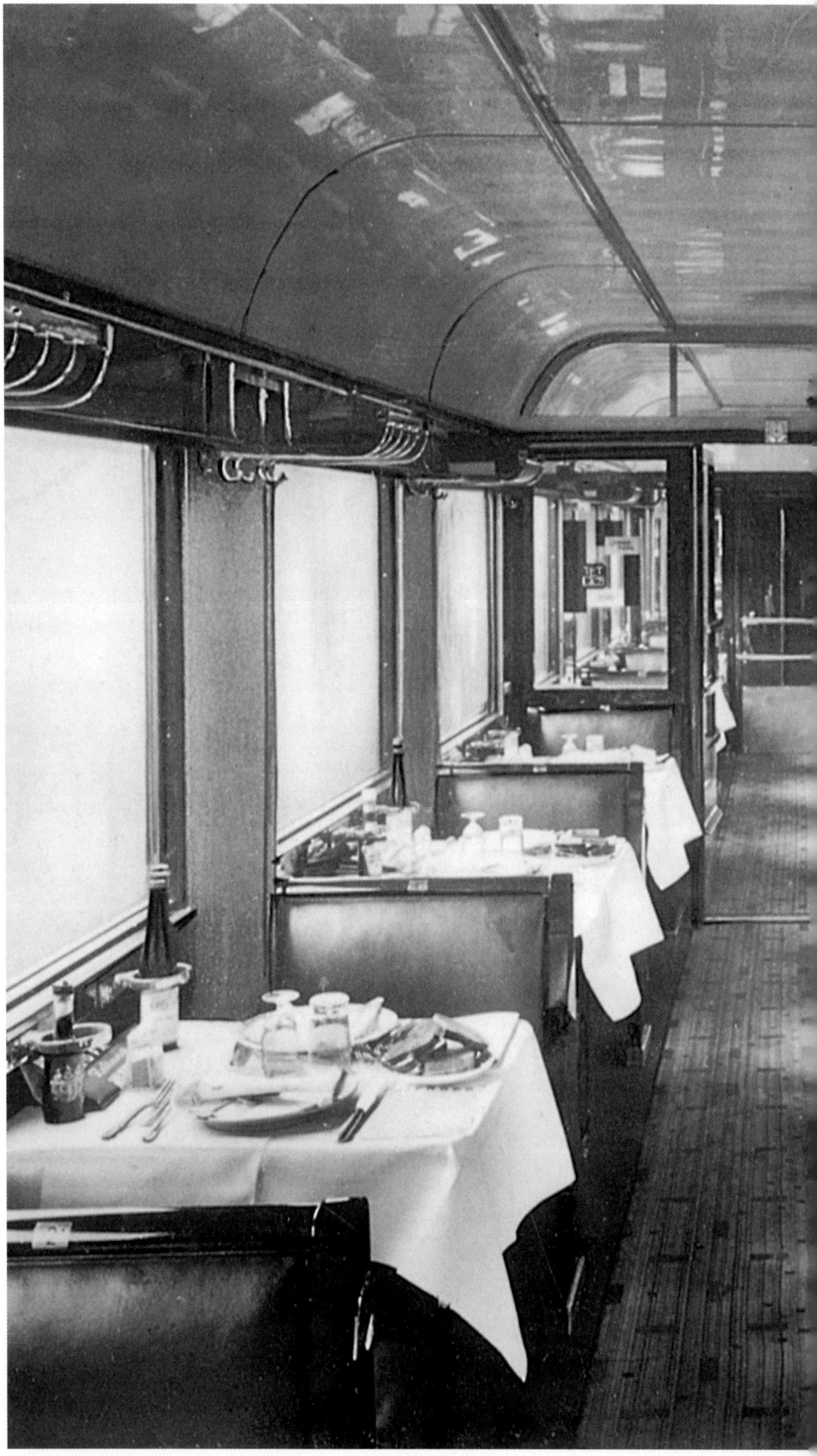

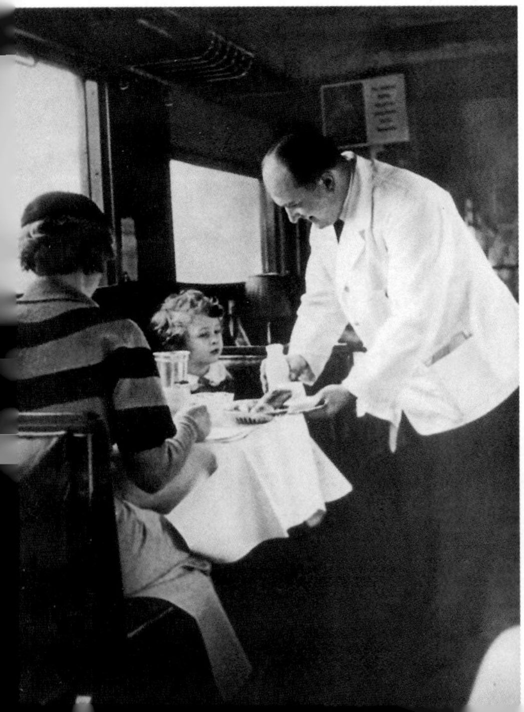

NICHTRAUCHER

MITROPA
GUIDE DES WAGONS-LITS
SLEEPING-CAR GUIDE
SCHLAFWAGEN
FAHRPLAN
MITROPA
SCHLAFWAGEN
SOMMER 1939

Elektrische Triebwagen

Bei der Elektrifizierung ihrer Fernstrecken kam die Deutsche Reichsbahn nach 1933 in ein Dilemma zwischen dem Anspruch auf Modernisierung und den Anforderungen der Landesverteidigung. Importiertes Kupfer war teuer und sollte durch den »Heimstoff« Aluminium ersetzt werden, außerdem kritisierte das Militär die empfindlichen Fahrleitungen. Dennoch konnte man sich den hohen Leistungen, die im Einzelachsantrieb der Lokomotivreihe E 18 installiert waren, nicht verschließen. Zwei Bahnpolizisten mit Hitler-Bart bewunderten 1935 diese Konstruktion mit ihrem Federtopfantrieb (Bild links). Die drei elektrischen Schnelltriebwagen des Baujahres 1935 (Bild von Hermann Maey rechts unten) wurden auf der Strecke von Stuttgart über München nach Berchtesgaden eingesetzt; in diesem Ferienort Hitlers ist 1936 ein neues Bahnhofsgebäude errichtet worden. Auch die beiden elektrischen Aussichtstriebwagen der Reichsbahndirektion München, der »Gläserne Zug« von 1935, sollten den deutschen Volksgenossen die Schönheit der bayerischen Berge vor Augen führen; (Bild von Hanns Hubmann rechts oben).

402 Innsbruck-Mitte … München

km	Zug Nr [643, 644 Klasse			1611 2. 3.	D 161 1. 2. 3.	1613 2. 3.	1625 2. 3.
0	Innsbruck Hbf 642, s. 645y	ab	...	5.30	7.05	8.25	a10.20
14	Hochzirl		...	5.58	|	8.58	▲10.46
24	Seefeld i Tirol		...	6.20	7.48	9.21	11.08
34	Scharnitz		...	6.40	|	9.40	▲11.33
40	Mittenwald	an	...	6.50	8.13	9.50	a11.42
		ab	...	7.08	8.28	10.10	12.08
46	Klais		...	7.21	Y	10.23	12.23
58	Garmisch-Partenk.	an	...	7.42	8.57	10.47	12.45
	Zug Nr [431a Klasse		1362 2. 3.	1364 2. 3.	D 161 1. 2. 3.	1484 3. oG	1366 2. 3.
58	Garmisch-Partenk. 402b,	ab	5.24	7.55	9.05	9.28	12.55
66	Oberau (Ettal)		5.34	8.05	9.13	9.38	13.06
83	Murnau	an	5.56	8.28	9.29	10.01	13.29
	Oberammergau 402a	ab	5.00	7.36	8.37		12.26
83	Murnau	ab	5.57	8.30	9.30	30. VI.—1. IX.	13.31
105	Weilheim (Oberbay)	an	6.21	8.55	9.52		13.56
	Augsburg Hbf	an	a8.02	12.28	12.28		16.00
105	Weilheim (Oberbay) Lokalverkehr	ab	6.25	8.59	9.53		13.58
118	Tutzing 401b		6.42	9.17			14.17
130	Starnberg		6.54	9.32			14.33
156	München Hbf Starnb Bf	an	7.20	10.03	10.38		15.05
	Stuttgart Hbf	an	10.34	...	16.22	...	18.52
	Nürnberg Hbf	an	c11.07	11.16	13.52	...	20.34
	Leipzig Hbf	an	15.47	17.04	18.40	...	...
	Berlin Anh Bf	an	e17.40	18.20	○19.34	...	...

15. IX	14.44	16.45	...	...	...	sonst 18.45		19.54	...	20.24
	|	17.04	...	...	...	18.59	Y	20.07	...	20.38
	|	17.20	...	...	...	19.11		20.19	...	20.50
	15.29	17.50	...	...	...	†19.39		20.42	...	21.18
...	18.52	22.51	...	...	...	...		...	...	...
...	20.34	22.45	...	...	...	...	23.00	...	...	†0.29
...	...	5.05	...	...	...	...	5.51	...	...	...
...	...	7.25	...	...	...	...	7.07	...	...	...

27		1617 2. 3.		E 167 1. 2. 3.	1619 2. 3.	1619 2. 3.
.	† bei gut. Wetter v. 9. VI.—15. IX., sowie 20. VI.	17.50	...	▲19.20	20.25	...
.		18.23	...	19.45	20.55	...
□		18.45	...	20.05	21.14	k
10		19.05	...	20.28	21.32	21.35
20		19.15	...	▲20.37	...	21.45
55		19.39	...	Y20.52	...	21.57
08		19.51	...	21.04	...	22.08
30		20.12	† *	21.24	...	22.30
72 3.	1374 3.	1370 2. 3.	1196 3.	E 167 1. 2. 3.		
40	...	20.20	20.41	21.30	...	...
51	...	20.31	20.52	21.40	...	...
13	...	20.55	21.13	22.00	...	...
59	...	19.59	...	...	...	...
15	20.32	20.59	21.14	22.01	...	...
34	20.57	21.24	21.33	22.19	...	...
.	...	...	23.15	...	...	...
20.34	20.58	21.28	2. VI. bis 15. IX.	1. IX. 22.20	...	...
20.48	21.15	21.46		22.33	...	...
21.02	21.32	22 01		22.47	...	...
21.30	22.00	22.33		23.10	...	...
1.58	1.58	...	...	...	...	...
1.26	10.47	1.26	...	1.42	...	...
5.44	...	7.34	...	7.34	...	...
8.06	17.33	8.47	...	8.47	...	...

a) 15. VI.—15. IX.
b) 30. VI.—1. X.
c) 28. VI.—29. IX.
f) D 1. 2. Kl. Schlafwagenzug.
g) 29. VI.—1. IX., sonst †.
h) 9. VI.—15. IX.
k) 29. VI.—1. IX.
n) † vom 2. VI.—30. IX.
p) 15. VI.—30. IX., sonst †.
□ Auch 20., 29. VI. u. 15. VIII.
▲ Verkehrt vorerst nicht.
○ FD 1. 2. Kl.
§ Nicht 20. VI.
* Auch 20. VI.

402 b Garmisch-Partenkirchen-Griesen (Oberbay)-Reutte i Tirol

	1721 2. 3.	1711 2. 3.		1713 2. 3.	1715 2. 3.		1727 3.	1725 2. 3.		1717 2. 3.	Zug Nr Klasse	[s. a. 645z Zug Nr Klasse	1718 2. 3.	1722 2. 3.		1716 2. 3.	1714 2. 3.		1712 2. 3.		1726 2. 3.	
...	a5.15	7.50	...	11.00	15.08	...	Sa16.30	b17.52	...	20.20	0	ab Garmisch-Partenk. 402 an	7.40	a 8.50	...	11.50	15.35	...	18.50	...	b 20.15	...
...	▲5.22	7.58	...	11.07	15.15	...	▲16.37	▲18.00	...	20.27	3	Kreuzeckbahn	7.32	▲ 8.42	...	11.42	15.27	...	18.42	...	▲ 20.07	...
...	5.41	8.19	...	11.27	15.37	...	16.55	18.19	...	20.48	13	Griesen (Oberbay)	7.15	8.23	...	11.25	15.08	...	18.25	...	19.50	...
...	6.04	8.46	...	11.55	16.02	...	17.18	18.44	...	21.13	22	Ehrwald Zugspitzbahn	6.51	8.02	...	11.02	14.43	...	18.01	...	19.29	...
...	6.11	8.53	...	12.02	16.09	...	17.25	18.50	...	21.19	25	Lermoos	6.45	7.54	...	10.55	14.36	...	17.54	...	19.22	...
...	▲6.38	9.18	...	12.27	16.33	...	▲17.49	▲19.16	...	21.43	37	Heiterwang-Plansee	6.19	▲ 7.29	...	10.29	14.10	...	17.29	...	▲18.55	...
...	a6.55	9.35	...	12.45	16.50	...	Sa18.07	b19.33	...	22.00	45	an Reutte i Tirol ab	6.00	a 7.10	...	10.10	13.50	...	17.10	...	b 18.35	...

Zwischen Garmisch-Partenkirchen über Kreuzeckbahnstation nach Untergrainau u. zur. Lokalverkehr.

a) Täglich vom 30. VI.—1. IX., sonst † u. 20. VI.
b) Täglich vom 1. VI.—15. IX., sonst †.
▲ Verkehrt vorerst nicht.

404 (Auszug) Augsburg-Mering-Weilheim (Oberbay)

1191 3.	5332 3.	1171 2. 3.	1193 2. 3.	D 192 2. 3.	1173 2. 3.	1195 3.	Vz 1175 3.	1175 2. 3.	1177 2. 3.	1187 † 3.	1179 2. 3.	km	Zug Nr Klasse	1172 2. 3.	1170 2. 3.	1178 3.	1174 2. 3.	1176 2. 3.	1186 3.	1180 2. 3.	1190 3.	D 191 2. 3.	1194 2. 3.	1196 3.
...	...	4.26	5.13	6.18	8.38	10.00	10.00	10.00	14.51		14.51 h16.30		ab Nürnberg Hbf .... an	9.50	11.16	11.16	15.57	20.34	...	23.00	23.00	23.00	t0.29	0.47
a4.11	4.25	6.49	b7.28	c8.23	10.25	d 13.05	Sa 13.45	14.00	e16.59	bG	19.19		ab Augsburg Hbf ...... an	6.50	e8.02	g9.36	12.28	16.00	bG	19.46	d20.25	c20.57	b 21.36	a23.15
4.30	4.49	7.10	7.43	|	10.46	13.20	14.01	14.22	|	...	19.41	15,8	Mering	6.26	7.46	9.17	12.08	15.41	...	19.25	20.07	|	21.18	22.57
4.58	5.47	7.56	8.09	|	11.26	13.47	14.28	15.11	17.36	...	20.23	37,1	Geltendorf	5.46	7.15	8.42	11.26	15.08	an	18.49	19.41	|	20.55	22.32
5.30	6.41	8.33	8.43	9.25	12.05	14.20	14.59	15.55	18.05	f18.14	20.58	57,2	Dießen	5.06	6.41	8.07	10.36	14.19	f17.25	18.05	19.11	20.00	20.20	21.59
a5.45	7.11	8.52	b8.58	c9.41	12.25	d 14.35	Sa 15.14	16.20	e18.19	f18.37	21.17	70,4	an Weilheim (Oberbay) ab	4.48	e6.26	g7.50	10.17	14.00	f17.05	17.42	d18.57	c19.46	b 20.05	a21.41
a6.40	p8.43	10.05	10.05	c10.30	13.45	r16.27 17.48	r16.27 17.48	17.48	20.40	20.40	22.24		an Garmisch-Partenk. ab	....	5.24	5.24	9.05	12.55	15.40	15.40	p 17.50	c18.58	19.09	a 20.41

a) † vom 2. VI.—15. IX., verkehrt auch 20. VI.
b) Täglich vom 15. VI.—30. IX., sonst an †.
c) Vom 15. VI.—10. IX.
d) † vom 2. VI.—30. IX., verkehrt auch 20. VI.
e) 15. VI.—15. IX.
f) † 15. V.—14. VI. u. vom 18. IX.—5. X., verkehrt auch 20. VI.
g) †, verkehrt auch 20. VI.
h) 15. V.—30. IX.
p) Täglich vom 15. VI.—15. IX., sonst an †.
r) Sa u. 29. V., 19. VI., ferner bei gutem Wetter an † vom 9. VI.—15. IX., sowie 20. VI.
t) Verkehrt nachts von So auf Mo, sowie 10./11. VI., verkehrt nicht 9./10. VI.
♦ Schlafwagenzug.

404 e (Auszug) Reutte i Tirol-Pfronten-Kempten (Allgäu) Alle Züge 2. 3. Klasse

	1111	1113	1113/1127		1115	■ 1117	⊡ 1117	1119	1121	km	Zug Nr / Zug Nr	1112	1114	1116	1118	1120	1122	1124	
...	...	a♦7.12	...	...	10.03	...	q13.30	16.54	b♦19.50		ab Reutte i Tirol .... an	a ♦6.58	9.28	q♦13.08	15.40	b♦18.30	...	...	...
...	...	7.30	...	...	10.21	...	13.47	17.10	20.07	8,6	Ulrichsbrücke-Füssen	6.40	9.10	12.52	15.23	18.12	...	...	...
...	...	♦7.46	———→	...	10.37	...	14.01	17.26	♦20.23	15,3	an Pfronten- ab	♦6.23	8.53	♦12.36	15.05	♦17.53	...	...	...
...	...	...	7.55	...	10.45	q 13.39	14.10	17.34	20.30	15,3	ab Steinach an	6.15	8.38	12.29	14.57	17.45	20.18	an	...
...	5.35	...	8.00	...	10.55	13.45	14.16	17.41											
...	5.53	...	8.17	...	11.14	13.59	14.30	18.00											
...	6.11	...	8.32	...	11.31	14.14	14.45	18.17											
...	6.36	...	8.54	...	11.56	14.34	15.05	18.41											
...	7.00	...	9.14	...	12.20	q 14.53	q15.24	19.05											
...	9.25	...	e t11.26 e z11.52	..	15.15	e 16.47	19.34	21.41											
...	9.44	...	d e 12.20	...	e14.26	eg17.24	20.08	t22.06											
...	10.12	...	d e 12.58	...	e14.45	eg17.05	e21.30	t22.28											

♦ Verkehrt vorerst nur zwischen Kempten u. Pfronten-Steinach.
a) Täglich vom 30. VI.—1. IX., sonst † u. 20. VI.
b) Täglich vom 1. VI.—15. IX., sonst † u. 30. V.
c) 15. VI.—10. IX.
■ Verkehrt während der Dauer der deutschen Ausreisesperre zwisc

404 f (Auszug) Kaufbe

✕ 5 3.	3 3.	✕ 35 3.	7 3.	9 2. 3.	9 2. 3.	13 2. 3.	✕ 25 2. 3.	15 3.	39 3.	19 2. 3.
....	e 6.20	e 6.20	f 6.48	c7.53	b8.15	13.15	...	13.55	Sa15.30	19.40
....	e 6.00	e 6.00	f 7.15	c8.12	b8.12	13.11	...	15.00		19.42
....	a7.53	♦7.43	b8.35	c9.31	b9.42	14.44	...	d 17.13	18.42	21.32
....	k2.10	4.50	4.50	k 6.20	k 6.20	k 10.55	10.12	k e13.55	14.16	k17.35
....	k3.25	7.27	7.27	k 8.09	k 8.09	h k12.25	14.15	e h k15.00	18.08	19.55
....	|	♦8.25	b8.43	c9.39	b9.50	14.52	♦15.45	d 17.20	18.59	21.40
....	8.10	♦8.39	8.56	9.52	10.01	15.05	16.02	17.33	19.14	21.53
♦	8.11	...	9.01	9.56	10.03	15.06	16.57	17.37	...	21.58
7.15	8.40	...	9.38	10.33	10.34	15.40	18.00	18.13	...	22.35
7.48	a9.03	...	b10.05	c10.59	b10.57	16.07	♦16.43	d 18.40	...	23.02

♦ Verkehrt nicht 20. VI.
a) Verkehrt vom 1. VII.—30. IX., sonst † u. 20. VI.
b) Verkehrt vom 15. VI.—10. IX.

Reichsbahn auf Schiene und Straße

Eine häufig wiederholte Parole der Zeit vor 1939 war die von der »Motorisierung der Reichsbahn«. Um dem Wettbewerb durch den Straßenverkehr zu begegnen, rüstete die Eisenbahn viele Angebote von Dampflokomotiven auf Motorfahrzeuge um und beteiligte sich doch recht intensiv auch selbst am Straßenverkehr. Das zeigen die bunten Postkartenbilder von 1936: Auf den Reichsautobahnen, die mit Personal und Geld der Staatsbahn geplant worden waren, fuhren ab 1935 sogar stromlinienförmige Omnibusse der Reichsbahn eine Weile im Linienverkehr. Für Ausflugsfahrten auf Nebenstrecken wurden drei besonders dieselhydraulische Aussichtstriebwagen in Dienst gestellt, die wie ein Straßenomnibus mit Panoramascheiben und Rollverdeck ausgerüstet waren. Für den Stückgutverkehr reihte die Reichsbahn zahlreiche Lastwagen in ihren Bestand ein, die im Zweiten Weltkrieg bald an die Wehrmacht abgegeben werden mußten. Das Plakat von Winkler läßt zugleich erkennen, wie personalaufwendig der Stückgutverkehr gewesen ist.

Deutsche Reichsbahn
auf Schiene und Straße

Motorisierung der Reichsbahn

Bis sich herausstellte, daß das recht devisenschwache Deutsche Reich nicht genügend Öl und Benzin importieren konnte, betrieb die Eisenbahn auf vielen Gebieten ihre Modernisierung durch eine Motorisierung. Neben den bekannten Schnelltriebwagen wurden Kleinlokomotiven für den Rangierdienst auf Unterwegsbahnhöfen und Schienenautos für Inspektionsfahrten bis 1937 in großer Zahl beschafft. Auch kostspielige Versuche mit Großdiesellokomotiven wurden wiederholt angestellt.
Die erste betriebstaugliche Diesellok der Zeit, gebaut 1935 von Krauß-Maffei mit einem MAN-Dieselmotor von 1400 PS Leistung und mit hydraulischer Kraftübertragung, befindet sich heute im Deutschen Museum von München.

57 1680

805.04
08.50.0707

Reichsbahnzentrale für Reiseverkehr

Da im Gefolge des Ersten Weltkriegs die Zahl der ausländischen Touristen im Land deutlich abgenommen hatte, befaßte sich seit 1920 ein besonderes Büro mit der Werbung für Reisen mit der Reichsbahn. 1928 nahm es den Namen »Reichsbahnzentrale für den Deutschen Reiseverkehr« an. Plakate und Fotografien wurden ebenso verteilt wie die »Deutschen Verkehrsbücher« mit ihren bunten Umschlägen in vielen Sprachen. Die bunten Grafiken haben bis heute wenig von ihrem Reiz eingebüßt. Besonders intensiv war die Arbeit dieser Reichsbahnzentrale im Jahr 1936, als während der Olympischen Spiele in Berlin viele ausländische Gäste die Eisenbahn benutzten. An die deutschen Reisenden wandten sich neben vielen bunten Prospekten auch ähnliche Hefte der Serie »Reisen und Schauen«.
Die folgende Doppelseite bringt den internationalen Luxuszug L 105 von Paris über Stuttgart und Karlsbad nach Prag bei Schnabelwaid in Oberfranken mit seinen blauen Schlaf- und Speisewagen in Erinnerung, aufgenommen von Ernst Köditz im Sommer 1935.

Zum Hochschwarzwald
mit der elektrischen
Höllental- u. Dreiseenbahn

Reisen
und schauen
BERLIN-
BRESLAU
Freib Bf über Cottbus,
Lauban, Hirschberg Riesen-gebirge

Schnelltriebwagen und Vierjahresplan

Bis heute wird wenig beachtet, wie stark die Deutsche Reichsbahn politisch in Arbeitsbeschaffungsmaßnahmen und Aufrüstung der Hitlerzeit eingebunden war. Die Anzeige aus der Zeitschrift »Vierjahresplan«, den der preußische Ministerpräsident Hermann Göring leitete, läßt an dieser Funktion der Eisenbahn kaum Zweifel aufkommen.
Der hier dargestellte Schnelltriebwagen der Bauart »Berlin« verkörperte 1938/39 den jüngsten Stand der Technik.
Als dieser Typ ausgeliefert wurde, stand der Zweite Weltkrieg unmittelbar bevor.
Einen Rückblick auf das vielleicht bewundernswerte Schnelltriebwagennetz des Jahres 1936 erlaubt die Anzeige aus einem kleinen Reiseführer jener Zeit.
Beim Vergleich der Fahrtdauer mit heutigen Werten ist zu bedenken, daß solche Wagen nur einmal täglich verkehrten und nur wenige Sitzplätze in der oberen Wagenklasse anboten.
Diese »Elite der Züge« stellte die »Züge der Elite«.

Seefische
Kampf dem Verderb
Die Deutsche Reichsbahn sorgt dafür:
Leicht verderbliche Güter kommen schnell und in tadelloser Frische an's Ziel.
Zahlreiche Frachtermässigungen!
Kühlwagen
Auch die Losung der Deutschen Reichsbahn

Eisenbahn-Stückgutverkehr
zuverlässig, schnell und billig

Adolf Hitlers Eisenbahn

Es ist jahrzehntelang wie ein Freispruch für die Verstrickung der Eisenbahn in die nationalsozialistische Politik verstanden worden, daß Reichskanzler Hitler ihr nur wenig Aufmerksamkeit zu schenken schien. Wahlreisen mit dem Automobil und dem Flugzeug wurden oft berichtet, sein Einsatz für den Autobahnbau und die Motorisierung der Wehrmacht sind ebenfalls bekannt. Dennoch sollte man Hitlers Interesse an der Eisenbahn nicht unterschätzen. Ab 1937, als die Reichsbahn wieder »unter die Hoheit des Reiches gestellt« war, ist Hitler ein eigener »Dienstzug der Reichsregierung« maßgeschneidert worden. Sogar ein luxuriös eingerichteter Aussichtswagen mit aufrollbarem Verdeck und Glaskanzel gehörte dazu, der am Schluß des Sonderzuges laufen mußte; (Bild ganz unten). In den Plänen Adolf Hitlers und Albert Speers zur »Neugestaltung der Reichshauptstadt«, die ab 1937 das Gesicht von Berlin nachhaltig veränderten, waren auch zwei riesige Bahnhöfe an den beiden Enden der gigantischen Nord-Süd-Achse vorgesehen. Diese Prachtstraße sollte auf altem Eisenbahngelände angelegt werden, die Reichsbahn erhoffte sich ihrerseits davon eine Modernisierung ihrer engen Berliner Bahnanlagen. Winzig klein erscheint im Bild rechts der Anhalter Bahnhof von Berlin innerhalb der Modelle zu Hitlers Stadt »Germania«

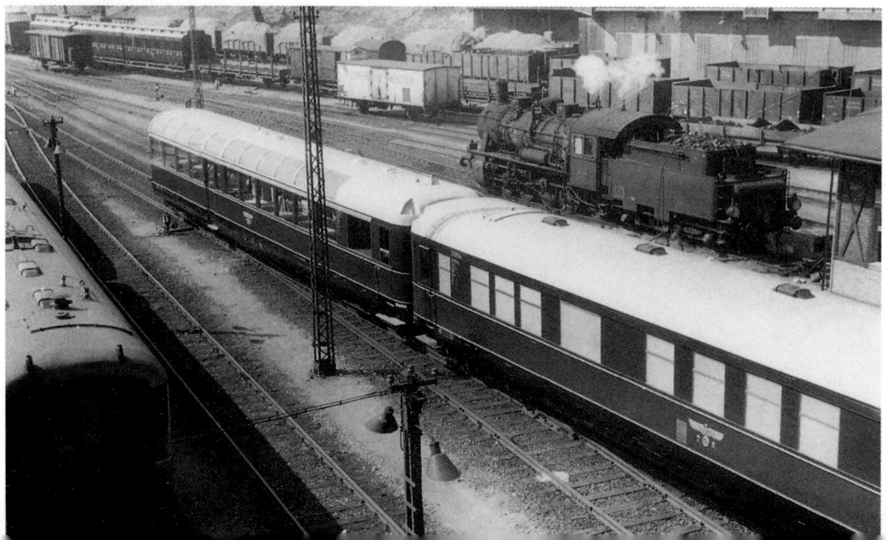

Reichsbahn-Lehrlinge

Die Ausbildung des geeigneten Nachwuchses für den Eisenbahnerberuf war seit Jahrzehnten eine wichtige Aufgabe der Bahnverwaltungen. 1938 arbeiteten bei der Reichsbahn etwa zehntausend Lehrlinge. Die neue Lehrlingsordnung von 1938 und die Lehrverträge bestimmten: »Das Lehrverhältnis ist ein Erziehungs- und Ausbildungsverhältnis auf der Grundlage gegenseitigen Vertrauens und gegenseitiger Treue. Die Deutsche Reichsbahn als Lehrherr übernimmt es, den Lehrling zu einem tüchtigen deutschen Facharbeiter heranzubilden und zur rückhaltlosen Dienst- und Einsatzbereitschaft für die Volksgemeinschaft zu erziehen.
Der Lehrling setzt alle seine Kraft dafür ein, diese Ziele des Lehrverhältnisses zu erreichen.« Selbst körperliche Ertüchtigung gehörte zum Ausbildungsprogramm der jungen Reichsbahner in dieser Vorkriegszeit. Das Titelblatt zum Reichsbahn-Kalender 1938, der sich dem Handwerk bei der Eisenbahn widmete, hat wieder Jupp Wiertz gemalt. Es zeigt den Treibstangenwechsel im Ausbesserungswerk. Nachdem die Reichsbahn wieder unter die Hoheit der Regierung gestellt worden war, wurde Anfang 1938 ein neues Hoheitszeichen an allen Fahrzeugen der Reichsbahn angebracht: Es war üblicherweise als Aluminium-Hohlguß ausgeführt, an den Rheingoldwagen in Bronze geformt, für ältere Waggons als preiswertes Abziehbild angefertigt. Das Hakenkreuz in der Lehrwerkstatt des Reichsbahn-Ausbesserungswerks Friedrichshafen dokumentiert diese Entwicklung ebenfalls.

JUPP WIERTZ
Deutscher Reichsbahn-Kalender
1 9 3 8

Österreich und die Reichsbahn

Der »Anschluß« von Österreich an das Deutsche Reich nach dem 13. März 1938 hatte auch die Übernahme der Österreichischen Bundesbahnen durch die Deutsche Reichsbahn zur Folge. Damit wurde ein Streckennetz von 5507 km Länge in die Reichsbahn eingegliedert. Der deutsche Propagandaminister Joseph Goebbels hielt am 29. März 1938 eine erste Ansprache in der Wiener Nordwestbahnhalle, danach sprach dort Adolf Hitler am 9. April 1938. Der Bahnhof war aus diesem Anlaß mit vielen Hakenkreuzflaggen dekoriert. Die österreichischen Fahrzeuge wurden in den Nummernplan der Reichsbahn eingereiht, so die Elektrolokomotive E 45 02 vom Bahnbetriebswerk Attnang bei der Reichsbahndirektion Linz. Ihre abgeblendeten Laternen und hell markierten Kanten lassen erkennen, daß die Aufnahme von Carl Bellingrodt im Zweiten Weltkrieg entstanden ist. Auch die Trisannabrücke der Arlbergbahn gehörte von 1938 bis 1945 zum Inventar der Deutschen Reichsbahn.

DIE ZERSTÖRTE REICHSBAHN

4

Krieg und Nachkriegszeit der Bahn 1939–1949

Es ist nicht immer leicht, die Geschichte der Deutschen Reichsbahn in übersichtliche Epochen einzuteilen. Die organisatorischen Daten stehen selbstverständlich fest, etwa der Januar 1937 mit dem Ende der Reichsbahn-Gesellschaft und mit dem Beginn der Amtszeit Julius Dorpmüllers als Verkehrsminister. Aber groß waren die Veränderungen auf den Bahnhöfen und Strecken oder bei den Eisenbahnern deshalb im Frühjahr 1937 nicht, bedeutender sind dort gewiß die Eingriffe durch den Beginn des Zweiten Weltkrieges gewesen. Deshalb widmet sich das vierte Kapitel in diesem Rückblick den Jahren zwischen dem Überfall auf Polen im September 1939 und dem Zusammenbruch der alten Reichsbahn im Mai 1945. Es nimmt aber auch die anschließende unscharfe Periode der sozusagen führerlosen Reichsbahnteile in den vier Besatzungszonen bis zur Gründung der beiden deutschen Staaten und ihrer Staatsbahnen im Jahre 1949 hinzu.

Für gewöhnlich setzt man den Untergang der Reichsbahn mit dem Ende des Dritten Reiches gleich, doch die Zerstörung der althergebrachten Eisenbahn hatte schon Jahre zuvor begonnen. Mit der Eingliederung der vormals österreichischen und sudetendeutschen Strecken sowie der versteckten Aufrüstung fing sie bereits 1938 an. Die Fahrplanänderungen im Herbst 1939, als zum Kriegsbeginn die Schnelltriebwagendienste eingestellt und viele Schnellzüge zugunsten von Truppentransporten und Wehrmachts-Urlauberverkehr gestrichen wurden, waren ein weiterer Schritt der Zerstörung des Vorhandenen. Und auch die folgenden Sammlungen von Buntmetallen, denen alte Lokomotivschilder sowie die Türgriffe aus Messing geopfert wurden, waren ein Akt der Destruktion und Selbstverstümmelung der Eisenbahn. Im Sommer 1940, nach dem deutschen Sieg in Frankreich, schien für wenige Monate nochmals eine Phase der Kraft und Ruhe zu herrschen, wenn man den propagandistischen Bildern und Texten der Zeit glauben mag. Die ersten Serien der glänzenden Stromlinienlokomotiven wurden angeliefert, doch die Höchstgeschwindigkeit der Reisezüge war schon bald wieder herabgesetzt. Zu Pfingsten und Weihnachten wurde bereits 1940 von der Reichsbahn an die Fahrgäste appelliert, alle nicht notwendigen Reisen zu unterlassen. Und der eiskalte Winter 1940/41 erschütterte mit erheblichen Verkehrsstörungen das Vertrauen in die scheinbar unbegrenzten Möglichkeiten der Eisenbahn in diesen Zeiten.

Der Anfang des Krieges gegen die Sowjetunion im Juni 1941 besiegelte auch das Schicksal der Deutschen Reichsbahn endgültig. Was an Zerstörung auf ihren Rädern damals für einen schrecklichen Sieg nach Rußland rollte, mußte binnen wenigen Jahren zurückkommen. Eine Reichsverkehrsdirektion in Minsk, eine Zweigstelle Osten des Reichsverkehrsministeriums in Warschau und eine Hauptverkehrsdirektion in Paris haben allein durch ihr Dasein die alte Reichsbahn auf eine Weise zerstört, wie es die alliierten Bombenangriffe und der Schienenwolf niemals vermocht hätten. Die Züge mit Kriegsgefangenen und Juden haben der Reichsbahn auch den letzten Rest von Unschuld genommen, mit der sich das gut funktionierende Unternehmen früher vielleicht einmal betrachten ließ.

Als das Dritte Reich im April 1945 zusammenbrach, ging Reichsverkehrsminister Dorpmüller mit der Regierung des Admirals Dönitz nach Flensburg. Für viele Eisenbahner war Dorpmüllers Tod am 5. Juli 1945 im Alter von fast 76 Jahren ein Symbol für das Ende der Reichsbahnzeit. Sein Ruf schien makellos; heute sieht man seine Verantwortung deutlicher.

Der Eisenbahnbetrieb kam am Kriegsende fast zum Erliegen, doch wegen der großen Bedeutung für die alliierten Truppen, für den Alltag der Menschen und für die Versorgung der Bevölkerung wurde alles darangesetzt, die Züge rasch wieder fahren zu lassen. Die örtlichen Ämter und Direktionen der Deutschen Reichsbahn arbeiteten ohne gemeinsame Leitung in ihren Besatzungszonen weiter, durch Siegermächte dirigiert.

Größte Bedeutung für das Eisenbahnwesen im Osten Deutschlands hatte der legendäre Befehl Nr. 8 der Sowjetischen Militär-Administration vom 11. August 1945, der die Übergabe des Bahnbetriebs in der sowjetischen Besatzungszone ab 1. September 1945 an die deutschen Eisenbahner vorsah. Damals wurde die Zentralverwaltung des Verkehrs mit einer »Hauptverwaltung der Deutschen Reichsbahn« errichtet. Sie bildete acht neue Reichsbahndirektionen in Berlin, Cottbus, Dresden, Erfurt, Greifswald, Halle, Magdeburg und Schwerin. Am 1. April 1948 wurde die genannte Zentralverwaltung in eine »Hauptverwaltung Verkehr« umgewandelt, worauf die Leitung der Eisenbahn in »Generaldirektion Reichsbahn« umbenannt werden mußte. An ihren Eisenbahnwagen war unter den Buchstaben »DR« das Kürzel »USSR-Zone« angeschrieben.

Während in der amerikanischen Zone am 19. Juli 1945 eine »Oberbetriebsleitung United States Zone« die Arbeit aufnahm, war im britischen Gebiet ab 20. August 1945 eine »Reichsbahn-Generaldirektion in der britischen Besatzungszone« tätig. Sie wurden 1946 zur »Hauptverwaltung der Eisenbahnen in der britischen und US-Zone« vereinigt, die sich ab August 1947 »Hauptverwaltung der Deutschen Reichsbahn im Vereinigten Wirtschaftsgebiet« nannte und deren Waggons unter den Buchstaben »DR« mit der Marke »Brit-US-Zone« bezeichnet waren. Die Währungsreform vom Juni 1948, die Berliner Blockade von 1948/49 und der erste Streik von Reichsbahnern in Berlin vom Mai 1949 ließen den Zerfall Deutschlands im Kalten Krieg immer deutlicher sichtbar werden.

Am Ende dieser Zeit der Trümmer war die alte Deutsche Reichsbahn gänzlich zerstört. Seit dem 7. September 1949 führte die Bahn im Vereinigten Wirtschaftsgebiet der amerikanischen und britischen Zone die Bezeichnung »Deutsche Bundesbahn«. In der französischen Zone bestand formal noch bis Ende 1951 die »Betriebsvereinigung der Südwestdeutschen Eisenbahnen« und ging dann ebenfalls in der Bundesbahn auf. Die Bahnverwaltung der sowjetischen Besatzungszone wurde zwar mit der Hoheit über das gesamte Transportwesen am 10. Oktober 1949 in die Hände des neuen Ministeriums für Verkehrswesen der Deutschen Demokratischen Republik gelegt, aber ihren Namen »Deutsche Reichsbahn« mußte sie wegen der Probleme mit den Betriebsrechten in West-Berlin nach vielen Diskussionen doch beibehalten. Es begann nun eine weitere Reichsbahn-Ära, ihre Zeit als Staatsbahn im Sozialismus von 1949 bis 1989.

Blitzkrieg mit der Reichsbahn

Während des Zweiten Weltkriegs erstreckte sich das Arbeitsgebiet der Reichsbahner fast über ganz Europa. Einige Gebiete wurden in das Netz der deutschen Staatsbahn aufgenommen, in anderen wurde ein abhängiger Besatzungsbetrieb geführt. In Danzig, dessen Hauptbahnhof aus der Jahrhundertwende in dem Bild von 1940 zu sehen ist, wurde ebenso wie in Posen eine neue Reichsbahndirektion eingerichtet, denn diese Gebiete wurden dem Reich angegliedert.
Die Abfahrt eines Zuges mit Soldaten vom Anhalter Bahnhof in Berlin am 16. März 1940 läßt an die bevorstehende Eroberung Frankreichs denken (Bild rechts oben). Nach der Kapitulation dieses Landes inszenierte Hitler in dem Waffenstillstandswagen von Compiègne am 21. Juni 1940 eine Wiederholung der Ereignisse vom November 1918 mit durch seinen Sieg umgekehrten Vorzeichen. Anschließend wurde der historische Waggon als Trophäe nach Berlin gebracht und am 24. März 1941 mit Hilfe eines Culemeyer-Straßenrollers durch das Brandenburger Tor zum Schloß gefahren (Bild rechts unten). Der Teakholz- Speisewagen wurde 1945 in Thüringen gesprengt.

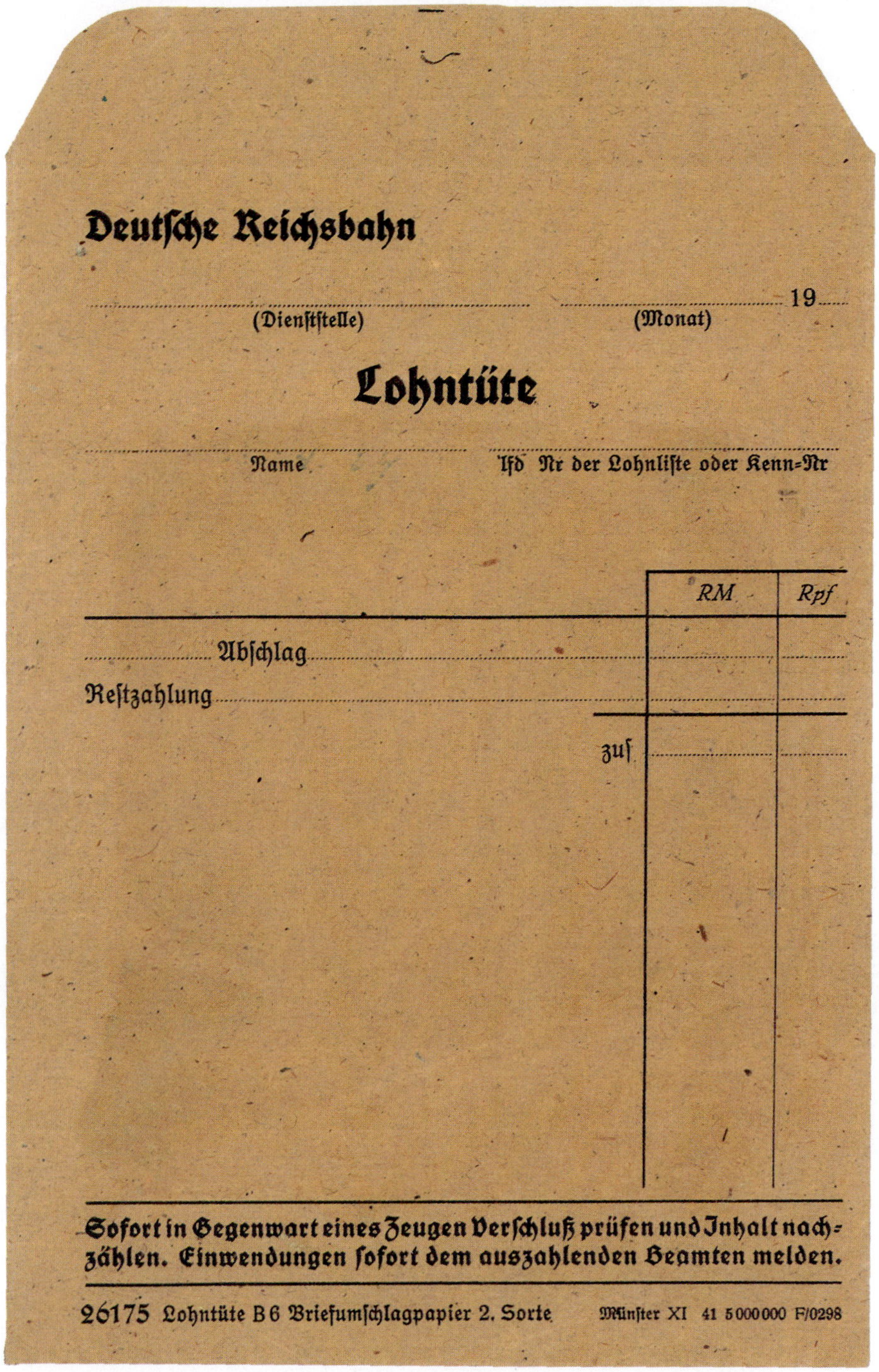

Deutsche Reichsbahn

(Dienststelle) (Monat) 19

Lohntüte

Name lfd Nr der Lohnliste oder Kenn-Nr

	RM	Rpf
Abschlag		
Restzahlung		
zus		

Sofort in Gegenwart eines Zeugen Verschluß prüfen und Inhalt nachzählen. Einwendungen sofort dem auszahlenden Beamten melden.

26175 Lohntüte B 6 Briefumschlagpapier 2. Sorte Münster XI 41 5000000 F/0298

Lohntüte der Reichsbahn

Aus bräunlichem Briefumschlagpapier 2. Sorte wurde bei der Reichsbahndirektion Münster, die Drucksachen auch für andere Bezirke herstellte, im November 1941 die hier gezeigte Lohntüte als eine von fünf Millionen Stück angefertigt und bedruckt. Ein solcher Riesenvorrat war in kurzer Zeit aufgebraucht, denn 1943 hatte die Reichsbahn einen statistischen Personalbestand von 1 528 940 Deutschen, darunter befanden sich allerdings nur noch 513 592 Beamte. Von diesem Gesamtbestand arbeiteten 1 279 462 »in der Heimat« des Großdeutschen Reiches, während 152 217 Eisenbahner zum Wehrdienst – teilweise bei den Eisenbahntruppen – einberufen waren. Als »abgeordnet in den Westraum und zur Ostbahn« galten 23 693, daneben waren in den besetzten sowjetischen »Ostraum« sogar 73 558 Eisenbahner abgeordnet. Viele einheimische Eisenbahner aus den besetzten Gebieten waren außerdem für den Bahnbetrieb des Jahres 1943 erforderlich, so bei der Ostbahn 136 418 und in der Sowjetunion nicht weniger als 322 745. Eine Personalmeldung zum 1. Januar 1943 nannte als Gesamtzahl aller bezahlten Eisenbahner im Reich, bei der Ostbahn und in den besetzten Ostgebieten nicht weniger als 2 159 703. Die Aufnahme aus einem Radsatzlager deutet an, daß auch der »Totale Krieg« nicht ohne eine ruhige Hand in den Ausbesserungswerken ausgefochten werden konnte.

Reichsbahn und Ostbahn

Nach der Besetzung Polens wurde ein Teil des Landes dem Deutschen Reich angegliedert, ein anderer Teil von der Sowjetunion besetzt. So wurde der Bahnhof Lodz mit dem neuen Namen Litzmannstadt der Reichsbahndirektion Posen zugeschlagen; (Bild unten).
Das große Gebiet zwischen diesen beiden Mächten wurde seit dem 26. Oktober 1939 als deutsch besetztes »Generalgouvernement« verwaltet.
Die Eisenbahn dieses Gebietes wurde als »Ostbahn« bezeichnet, von deutschen Beamten geführt und von polnischen Angestellten betrieben. Vier Ostbahn-Bezirksdirektionen in Warschau, Krakau, Radom und Lublin bestanden, und vorübergehend kam ab 1941 noch Lemberg hinzu. Die Generaldirektion der Ostbahn (»Gedob«) in Krakau gehörte zur Regierung des Generalgouverneurs Hans Frank und seines Staatssekretärs, mußte aber auch auf Weisungen des Reichsverkehrsministers in Berlin hören.
Die zweisprachigen Aufschriften am Warschauer Hauptbahnhof und über einem ländlichen Wartesaal rufen in Erinnerung, wie dort abgeordnete Reichsbahner und abhängige polnische Eisenbahner von Ende 1939 bis Anfang 1945 miteinander auskommen mußten.

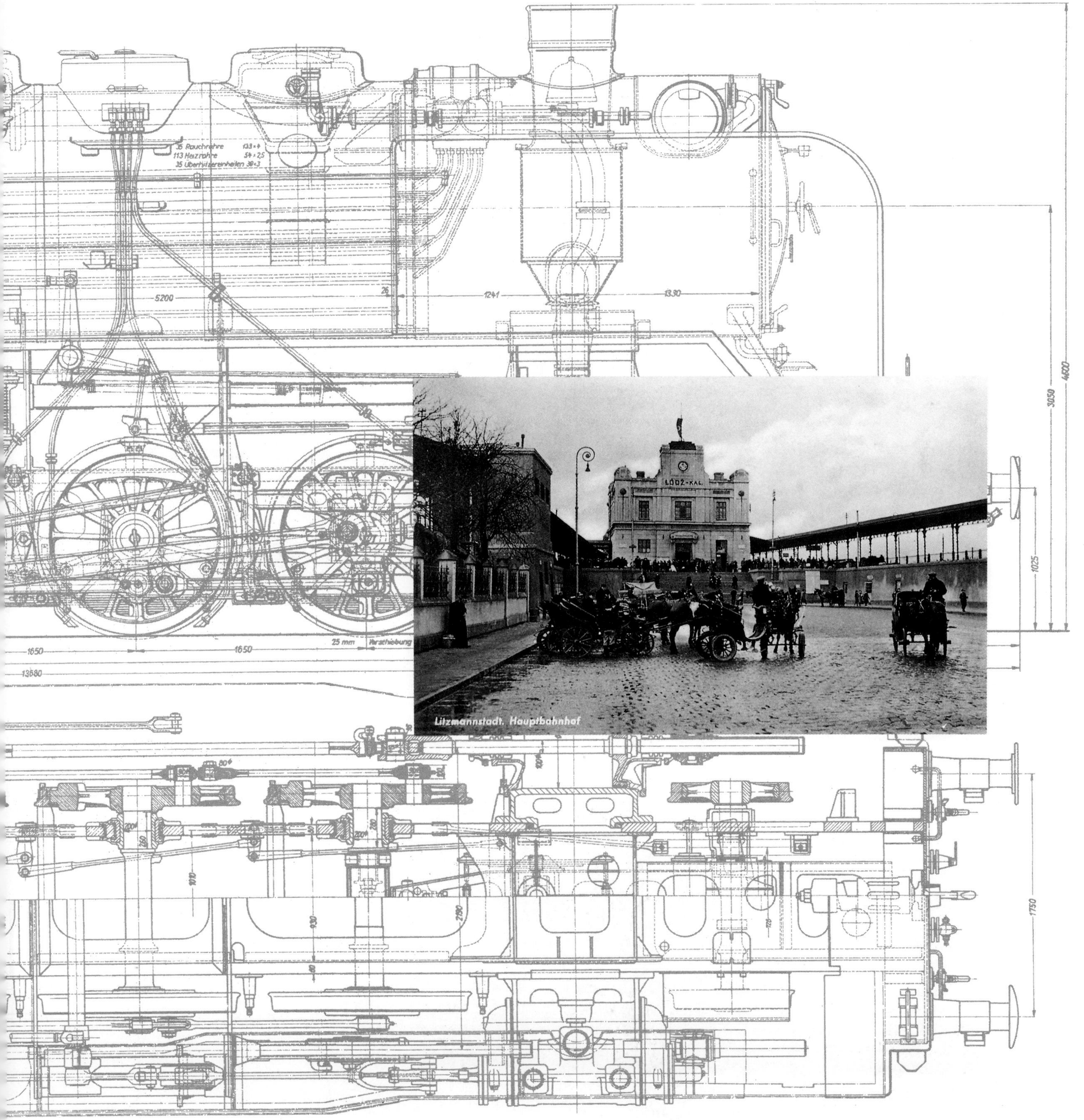
35 Rauchrohre 133×4
113 Heizrohre 54×2,5
5200
1241
1330
4600
3050
1025
1650
1650
25 mm Verschiebung
13580
1750
ŁÓDŹ-KAL.
Litzmannstadt. Hauptbahnhof

Die umgenagelte Spur

Nach dem Überfall auf die Sowjetunion vom 22. Juni 1941 dehnte sich das deutsche Eisenbahnwesen schnell nach Osten aus. Die Eisenbahnpioniere rückten mit der kämpfenden Armee vor, Feldeisenbahnkommandos bemühten sich hinter der Front um eine rasche Wiederinbetriebnahme der schadhaften Eisenbahnstrecken in diesem Lande. Die zurückweichenden Truppen der Sowjetunion hatten ihr Rollmaterial mitgenommen und viele Bahnanlagen zerstört. Zur Sicherstellung des Nachschubs mußten die deutschen Soldaten deshalb alle Gleise von der russischen Breitspur (1524 mm) auf die Normalspur (1435 mm) umnageln und Fahrzeuge aus dem Deutschen Reich heranbringen. Im ersten Rußland-Winter 1941/42 mit seinen arktischen Temperaturen brach der Eisenbahnverkehr zur Versorgung der Front vor Moskau wegen utopischer Leistungsangaben und mangelhafter Vorbereitungen von Eisenbahn und Wehrmacht fast vollkommen zusammen. Mit großem Aufwand an Propaganda versuchte man, diese ernsthafte Krise als Opfer für die Zukunft darzustellen. Kitschige Postkarten, Frontzeitungen und Heldentod-Anzeigen gehörten 1942 zum Alltag der Reichsbahn.

52 001
FRED WAGNER
Deutscher-Reichsbahn-Kalender
1 9 4 3

Züge nach Auschwitz

Die Reichsbahn hat sich mitschuldig gemacht an der Ermordung der europäischen Juden im Zweiten Weltkrieg. Viele Lager und Todesfabriken waren nach 1941 an sehr abgelegenen Orten im Baltikum und im ehemaligen Polen gebaut worden; ohne Eisenbahnzüge bis vor ihre Pforten wäre nicht möglich gewesen, was dort in deutschem Namen geschah. Es gilt, diese historische Tatsache festzuhalten. Die Deportation der deutschen Juden mit Zügen der Deutschen Reichsbahn nach Riga, Lodz, Kowno und Minsk begann Mitte Oktober 1941. Die deutschen Beamten legten mit den üblichen Formularen die benötigten Sonderzüge ein, stellten Umlaufpläne und Dienstpläne für Wagen, Lokomotiven und Zugpersonal zusammen, wie es die Geheime Staatspolizei wünschte. Etwa zweihundert dieser Transporte gingen aus dem »Altreich« in den Osten, viele weitere folgten aus den besetzten Ländern Europas. Ein Dokument aus Hannover zeigt die Selbstverständlichkeit, mit der die Eisenbahn zu diesen Vorgängen beitrug; das Bild aus Hanau zeigt hessische Juden und Zuschauer. Mit besonderer Grausamkeit wurden die polnischen Juden 1942/43 in Güterzügen aus den Ghettos zu den Vernichtungsstätten von Treblinka, Maidanek, Belzec und Sobibor gebracht. Zu der Tötung von fast 500 000 ungarischen Juden in Auschwitz hat die Eisenbahn im Sommer 1944 durch genau auf die Gaskammern abgestimmte Fahrpläne direkt Beihilfe geleistet. Die Aufnahme rechts unten ist nach der Ankunft eines solchen Zuges in Auschwitz entstanden.

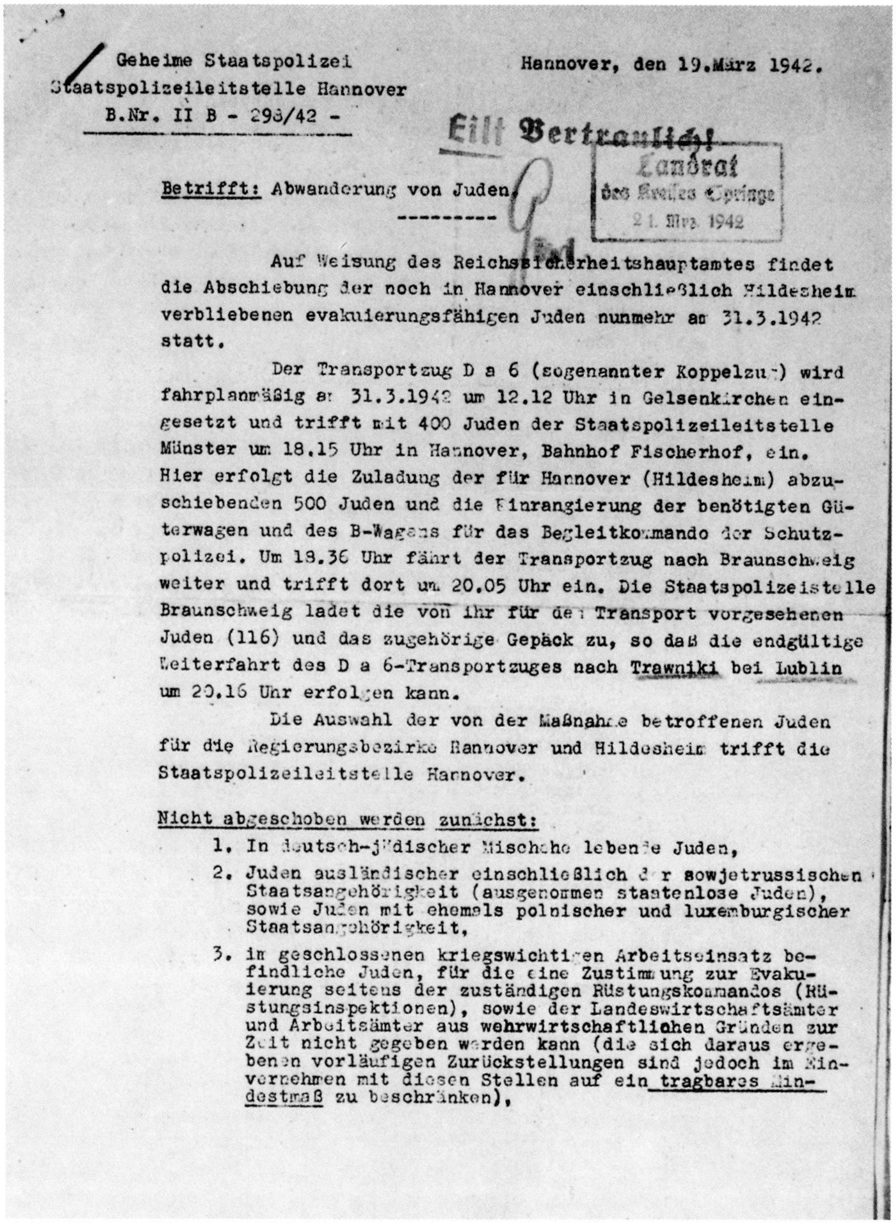

Geheime Staatspolizei
Staatspolizeileitstelle Hannover
B.Nr. II B - 298/42 -

Hannover, den 19.März 1942.

Eilt Vertraulich!

Landrat des Kreises Springe 21. Mrz. 1942

Betrifft: Abwanderung von Juden.

Auf Weisung des Reichssicherheitshauptamtes findet die Abschiebung der noch in Hannover einschließlich Hildesheim verbliebenen evakuierungsfähigen Juden nunmehr am 31.3.1942 statt.

Der Transportzug D a 6 (sogenannter Koppelzug) wird fahrplanmäßig am 31.3.1942 um 12.12 Uhr in Gelsenkirchen eingesetzt und trifft mit 400 Juden der Staatspolizeileitstelle Münster um 18.15 Uhr in Hannover, Bahnhof Fischerhof, ein. Hier erfolgt die Zuladung der für Hannover (Hildesheim) abzuschiebenden 500 Juden und die Einrangierung der benötigten Güterwagen und des B-Wagens für das Begleitkommando der Schutzpolizei. Um 18.36 Uhr fährt der Transportzug nach Braunschweig weiter und trifft dort um 20.05 Uhr ein. Die Staatspolizeistelle Braunschweig ladet die von ihr für den Transport vorgesehenen Juden (116) und das zugehörige Gepäck zu, so daß die endgültige Weiterfahrt des D a 6-Transportzuges nach Trawniki bei Lublin um 20.16 Uhr erfolgen kann.

Die Auswahl der von der Maßnahme betroffenen Juden für die Regierungsbezirke Hannover und Hildesheim trifft die Staatspolizeileitstelle Hannover.

Nicht abgeschoben werden zunächst:

1. In deutsch-jüdischer Mischehe lebende Juden,
2. Juden ausländischer einschließlich der sowjetrussischen Staatsangehörigkeit (ausgenommen staatenlose Juden), sowie Juden mit ehemals polnischer und luxemburgischer Staatsangehörigkeit,
3. im geschlossenen kriegswichtigen Arbeitseinsatz befindliche Juden, für die eine Zustimmung zur Evakuierung seitens der zuständigen Rüstungskommandos (Rüstungsinspektionen), sowie der Landeswirtschaftsämter und Arbeitsämter aus wehrwirtschaftlichen Gründen zur Zeit nicht gegeben werden kann (die sich daraus ergebenen vorläufigen Zurückstellungen sind jedoch im Einvernehmen mit diesen Stellen auf ein tragbares Mindestmaß zu beschränken),

Männer und Frauen de

10. DIE FAHRKARTEN

Frauen bei der Reichsbahn

Wie im Ersten Weltkrieg wurde auch 1940 wieder deutlich, daß Frauen als Ersatz für die schon zur Wehrmacht eingezogenen Männer in den Eisenbahndienst treten mußten. Ausnahmsweise bot die Reichsbahn den gleichen Lohn für Frauen und Männer an, um ihre Abwanderung in die besser zahlende Rüstungsindustrie zu verhindern.
Mitte 1943 waren etwa 190 000 Frauen bei der Reichsbahn tätig, außerdem auch viele Zwangsarbeiter und Kriegsgefangene. Propaganda-Postkarten mit dem Satz »Wir schaffen für Euch« malten den Eisenbahndienst vielfarbig und angenehm aus, obwohl die Arbeitszeit als Fahrdienstleiterin, Zugbegleiterin oder Fahrkartenverkäuferin wöchentlich bis zu 56 Stunden dauern konnte.
Die Aufnahmen rechts zeigen zwei Schaffnerinnen in Uniform auf dem Tübinger Bahnhof und die Verpflegung deutscher Soldaten durch eine Rotkreuzschwester auf dem Bahnhof Innsbruck im Herbst 1943. Als in den letzten Kriegsmonaten die Eisenbahner von den Fronten zurückkehrten, sank die Zahl der Frauen bei der Bahn ab.

Tageskasse:

Früher rechnete Frau Lisa Bieder
geld nur ungern ab. Heute geh
tausende Mark durch ihre Hände

Deutschen Reichsbahn

VERKÄUFERIN

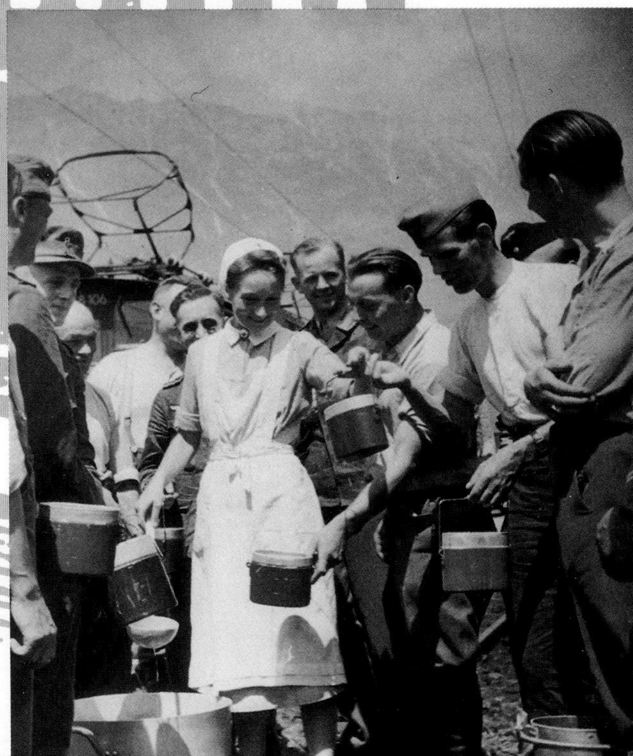

RM … 0

us Chemnitz schon ihr Haushalts-
n am Fahrkartenschalter täglich
– Da heißt es aufpassen – und

Bomben oder Schienenwolf

Zur Zerstörung der Eisenbahn am Ende des Zweiten Weltkrieges haben die Luftangriffe der Alliierten sehr stark beigetragen. Die strategischen Bombardierungen der Bahnanlagen durch englische und amerikanische Flugzeuge waren aus der Erkenntnis entsprungen, daß für Deutschlands Rüstungswirtschaft neben den Rohstoffen und den Arbeitskräften auch die Transportmöglichkeiten zwischen den einzelnen Werken unabdingbar waren. Zahlreiche Großstadtbahnhöfe und Rangierbahnhöfe wurden deshalb mehrfach angegriffen. Mit der Eisenbahn versuchte man, die Kinder von den Städten auf das Land zu bringen, so am Anhalter Bahnhof von Berlin im Februar 1944 (Bild rechts), während die Bomben fielen. Beispiele dafür sind die in Posen getroffene Stromlinien-Schnellzuglokomotive 03 1092, aufgenommen im August 1944, und die beschädigte Bahnsteighalle von München, dokumentiert nach dem Kriegsende im Jahr 1945/46. Als die deutschen Truppen schließlich aus der Sowjetunion wieder verdrängt wurden, zerstörten sie im Verlauf des Rückzugs die meisten Gleise, um ihrem Gegner das Nachrücken zu erschweren. Der dazu benutzte »Schienenwolf« mußte von zwei bis drei Lokomotiven gezogen werden, um seine sinnlose Aufgabe erfüllen zu können.

Kriegsende und Stillstand

Beinahe zu Legenden sind die Berichte aus der Zeit vor fünfzig Jahren geworden, als solche Flüchtlingszüge aus dem Osten von Stettin nach Rostock rollten wie in der Aufnahme des Eisenbahners Walter Hollnagel (links oben) vom April 1945. Selbst die schlimmen Bahntransporte mit KZ-Häftlingen aus dem Osten nach Bergen-Belsen wurden noch in jenem Monat »durchgeführt«, weil Deutschland den Krieg nicht verloren geben konnte. Tausende von Menschen verhungerten in diesen Zügen. Nach der bedingungslosen Kapitulation am 8. Mai 1945 erwiesen sich die in den letzten Kriegstagen von deutschen Truppen gesprengten Brücken bald als größtes Hindernis bei dem Versuch, den Bahnbetrieb wieder in Gang zu bringen. Gerade der Berliner S-Bahn-Verkehr war von solchen Zerstörungen vielfach betroffen. Frauen und alte Männer mußten dort bei Reparaturen (Bild unten) ebenso Hand anlegen wie auf dem Hauptbahnhof von Dresden, dessen glaslose Halle mit einem kurzen Zug über die Windbergbahn nach Possendorf im Bild von 1946 unten zu sehen ist.

7

Zeit der Hamsterzüge

Auf eine erstaunliche Weise kam der Eisenbahnbetrieb nach dem 8. Mai 1945 wieder in Gang. Einerseits wünschten die Besatzungsmächte für ihre Zwecke und für die Versorgung der Bevölkerung ein funktionierendes Verkehrswesen, andererseits erschienen die meisten Reichsbahner auch weiterhin pünktlich zum Dienst und taten ihre Pflicht wie immer. Der Bezirksverkehr von den großen Städten in die ländlichen Gebiete war wegen der »Hamsterfahrten« besonders wichtig, denn nur durch Tauschhandel zwischen den Städtern und der Landbevölkerung war ein Überleben möglich. Wenn Züge verkehrten, waren sie bis zum Puffer und zum Bremserhaus besetzt, wie Friedrich Seidenstücker (rechts) 1946 in Potsdam-Wildpark dokumentiert hat. Von den noch fahrenden Güterzügen die »Kohlen zu klauen«, gehörte nicht nur in Hamburg zum Alltag der Jugend, den Walter Hollnagel (links oben) im August 1946 beobachtet hat. Besondere Härten erlebte Berlin während der Blockade von 1948/49, als von seinen Bahnhöfen nur noch wenige Züge – und diese nur in die russische Zone – abfuhren. Henry Ries hat die Leere im zerstörten Anhalter Bahnhof von Berlin im August 1948 (links unten) eindrücklich festgehalten.

Nichtraucher

Fahrt in die neue Zeit

Während der ersten Wochen nach dem Kriegsende wurden viele Reichsbahner, die Mitglied der NSDAP gewesen waren, aus dem Eisenbahndienst entfernt. Andere bisherige Führungskräfte mit Parteivergangenheit wurden in der Wagenreinigung und im Gleisbau beschäftigt. Besonders streng war man in der damaligen sowjetischen Besatzungszone und in Berlin; dort wurden aber auch viele in der Nazizeit aus politischen Gründen entlassene Reichsbahner reaktiviert. Es zeigte sich bald, daß 1945 fast die gesamte Leitung der Deutschen Reichsbahn in die Westzonen gegangen war und daß ihr die Fachkräfte folgten. Noch befanden sich viele Männer in Kriegsgefangenschaft. Großen Aufwand erforderte die Säuberung der S-Bahn-Wagen, die im überfluteten Berliner Nord-Süd-Tunnel gestanden hatten. Der Personalmangel bei der Eisenbahn konnte nur durch Frauenarbeit aufgefangen werden. Neben der Trümmerfrau auf den Straßen bildete deshalb die Eisenbahnerin auf den Bahnsteigen bis zum Beginn der fünfziger Jahre einen festen Bestandteil des deutschen Alltags. Sogar das erste Heft einer neuen Zeitschrift vom Februar 1946 stellte eine Aufsichtsbeamtin als »die Frau von heute« vor.

Die Frau von heute
ERSTES HEFT FEBRUAR 1946 * 50 PF.

Demontage der Gleise

Als Kriegsfolge wurde innerhalb der sowjetischen Besatzungszone zum Ausgleich für die Zerstörungen in Rußland sehr viel Eisenbahngleis demontiert. Man schätzt das Gesamtgewicht auf 700 000 t Stahl. Einzelne Strecken verschwanden vollkommen, wie die Aufnahme links oben vom mecklenburgischen Bahnhof Woldegk zwischen Neustrelitz und Pasewalk zeigt. Bis März 1947 waren Gleise von 11 800 km Gesamtlänge abgebaut worden, das entsprach 48 Prozent des 1938 vorhandenen Bestandes. Auf 6300 km Hauptstrecke war das zweite Gleis demontiert worden, wodurch der verbliebene Eisenbahnbetrieb bei der »DR/USSR-Zone«, wie es auf den Wagen links unten hieß, extrem schwerfällig wurde. Bis zum Ende der DDR-Zeit war das zweite Gleis noch nicht überall wiederhergestellt worden.
Ein Großteil der Lokomotiven und Anlagen für den elektrischen Bahnbetrieb auf den mitteldeutschen Strecken rollte in die Sowjetunion, kam aber teilweise nach 1952 wieder zurück. Reparationslieferungen und Exportaufträge der Schienenfahrzeugindustrie hemmten in der Folgezeit die Erneuerung der Deutschen Reichsbahn in der DDR.
In den Westzonen, wo die Eisenbahn bis 1949 an den Wagen als »DR/Brit-US-Zone« firmierte, erreichte der Eisenbahnbetrieb dank einer anderen Politik der Westmächte schneller wieder ein erträgliches Niveau. Dort fehlten anfangs viele Fahrleitungen, weil das Kupfermaterial zum Beispiel zwischen Bamberg und Probstzella im Krieg für die Rüstung ausgebaut worden war (Bild rechts unten). Die Reparatur von Waggons in ehemaligen Rüstungsfabriken wie den »Hermann-Göring-Werken« in Salzgitter trug dazu bei, daß die Bundesbahn einen besseren Start hatte als die neue Reichsbahn (Bild rechts oben).

Reichsbahn baut auf

Gleichzeitig mit der Demontage vieler Gleise mußte die Deutsche Reichsbahn in der sowjetischen Besatzungszone versuchen, die Kriegsschäden zu beheben. Zur Reparatur von Dampfloks wurden daher auch die Lokomotivfabriken von AEG-Borsig in Hennigsdorf bei Berlin herangezogen, wo die Aufnahme links oben von Herbert Hensky im November 1947 entstanden ist. 970 Brücken auf ihrem Gebiet waren 1945 zerstört, viele Bahnhöfe schwer in Mitleidenschaft gezogen. Trotz eingestürzter Dächer und einer fehlenden Halle über dem Querbahnsteig lief der Bahnbetrieb in der Messestadt Leipzig im August 1948 auf vollen Touren. Das Schild »Geld-Umtausch« in der Aufnahme von Erich Andres links unten erinnert an die Streitigkeiten um die Währungsreform, den Hauptanlaß für die Berliner Blockade. Als nach dem Ende dieser Sperrung des Landverkehrs in die Westsektoren Berlins endlich wieder ein Triebwagenzug von Berlin nach Hamburg fahren konnte, wurde diese Wiedergeburt des »Fliegenden Hamburgers« im September 1949 auf dem Bahnhof von Altona erleichtert gefeiert (Bild rechts). Am 23. Mai 1949 war die Bundesrepublik Deutschland gegründet worden, deren Eisenbahnen nun zur »Deutschen Bundesbahn« zusammengefaßt wurden; am 7. Oktober 1949 entstand die Deutsche Demokratische Republik, deren Eisenbahn den Namen »Deutsche Reichsbahn« beibehielt.

GLEIS
8
Berlin-Hamburg

REICHSBAHN UND SOZIALISMUS

Die Staatsbahn in der DDR 1949–1989

5

Die Geschichte eines vor wenigen Jahren umgewandelten Großbetriebes von nationaler Bedeutung zu beschreiben, wie es die Deutsche Reichsbahn gewesen ist, geht wohl nicht ohne Vergröberung und Vereinfachung ab. In den vierzig Jahren der DDR hat ihre Staatsbahn oft eine hochpolitische Rolle gespielt und mußte nicht selten Prügel dafür einstecken. Die Reichsbahn war wie selbstverständlich da und machte alle Phasen der DDR-Geschichte von der Aufbruchstimmung über die Planwirtschaft und die Mangelgesellschaft bis zum Beinahe-Stillstand mit. Ihre Mitarbeiter besaßen beste Eisenbahner-Qualitäten und liebten einen Beruf, der ihnen durch Kaderleiter, Dispatchertum und Westpropaganda nicht leicht gemacht wurde. Da die Reichsbahn der DDR lange Zeit unter Personalmangel litt, wurden Frauen auf vielen Dienstposten eingesetzt; Emanzipation und Notwendigkeit kamen hier zugleich.

In den ersten Jahren der Reichsbahn beherrschten in der sowjetischen Besatzungszone Demontage-, Reparations- und Hamsterzüge das Bild. Obwohl es für die wirtschaftliche Funktion des Gebietes sinnwidrig war, wurden ganze Strecken abgebaut und vielerorts die zweiten Gleise entfernt, um den Eisenschrott in die von Deutschen ausgeplünderte Sowjetunion zu bringen. Die Leistungen so beschnittener Strecken sanken viel stärker ab, als die reinen Kilometerwerte vermuten lassen. Elektrische Lokomotiven samt Oberleitung und Kraftwerk verschwanden bis zum Polarkreis, um russischen Experten bei der Forschung zum künftigen Bahnstromsystem ihres heimgesuchten Landes zu helfen. Damit nun aber der Langstrecken-Zugbetrieb für Kriegsbeute und Wiedergutmachung zwischen den Fabriken oder den Kasernen in Mitteldeutschland und den Breitspurgleisen in Brest-Litowsk zuverlässig zu bewältigen war, setzte die Besatzungsmacht mit Belohnung und Strafe ganze Lokomotiv-Kolonnen nebst Wohnwagen auf die Schienen.

Der Rest an Rollmaterial und Bahnnetz stand für die unvergessenen, überfüllten Hamsterfahrten und die weitere Binnenwirtschaft zur Verfügung. Im Zuge der allgemeinen DDR-Verstaatlichungspolitik wurde 1949 der Betrieb auf mehr als 3300 km früherer Privatbahnstrecken, die sich in der Ostzone befanden, von der Deutschen Reichsbahn übernommen.

Schon sehr früh wurde den Politikern der jungen DDR klar, wie wichtig eine systemkonforme Ausrichtung der Eisenbahn und der Eisenbahner war. Die Konflikte in Berlin bis 1949 und die Bedeutung der Reichsbahn als größter, im ganzen Land verzweigter Staatsbetrieb waren Anlaß genug, die vorhandenen Parteisekretariate im Januar 1952 durch eine »Politische Verwaltung und ihre Organe« zu ersetzen. Sozialistische Leitungstätigkeit brachte daraufhin eine bessere Fahrzeugausbesserung, die wirtschaftliche Rechnungsführung, den Dispatcherdienst, das

Vierbrigadesystem und die ökonomischen Konferenzen auch auf die ostdeutschen Schienen. Alle Maßnahmen dienten dazu, von der überstrapazierten Reichsbahn höhere Transportleistungen zu erhalten. Draußen auf dem Bahnhof hatte man andere Sorgen: Schlechte Braunkohle machte den Lokomotiven wenig Dampf, wichtige Ersatzteile mußten diskret mit der Bundesbahn getauscht werden, neues Fahrzeugmaterial war noch nicht zu sehen, viele Langsamfahrstellen auf alten Gleisen hemmten den Betrieb. Die Einrichtung des Berliner Außenrings, eine Grundvoraussetzung für den Bau der Mauer, beanspruchte noch bis 1960/61 alle Kapazitäten. Langwierig war die Umstrukturierung des Streckennetzes von seiner alten West-Ost-Ausrichtung auf die Anforderungen des in Nord-Süd-Richtung laufenden DDR-Verkehrs.

Auf der Strecke von Halle bis Köthen im alten mitteldeutschen Industriegebiet nahm die Deutsche Reichsbahn 1955 den elektrischen Zugbetrieb wieder auf. Von der Sowjetunion damals zurückgegebene Maschinen und der Wiedereinbau demontierter Anlagen kennzeichneten das Vorhaben: Erst 1961 lief die einheimische Erzeugung elektrischer Lokomotiven für den Bedarf der DDR an. Seit 1952 wurde ein moderner Park von Diesellokomotiven und -triebwagen aufgebaut, größere Lieferungen der volkseigenen Industrie begannen nach 1960. Im März 1966 beschloß der DDR-Ministerrat, die Ablösung der Dampflokomotiven durch den Einsatz schwerer Dieselloks zu beschleunigen, von denen große Stückzahlen aus der UdSSR bezogen wurden; die Ära der »Taigatrommeln« begann. Weil das Erdöl nach 1977 teuer und knapp wurde, erhielt die Elektrifizierung der Reichsbahn wieder Vorrang.

Als ein modernes Schnellverkehrsmittel wurden die Görlitzer Schnelltriebwagen der Reichsbahn ab 1965 international eingesetzt und bewundert. Für den Binnenverkehr kam 1977 ein System von »Städte-Expreß-Zügen« zwischen Berlin und den Bezirkshauptstädten der DDR neu in den Fahrplan: das Intercitynetz der DDR. Ihr Einsatz und ihre Pünktlichkeit litten ab 1978 unter dem dramatischen Zerfall der Betonschwellen. Der alkalihaltige Zement war bald als Ursache festgestellt, doch viele tausend Kilometer Gleis mußten in den folgenden Jahren erneuert werden. Material und Arbeitskräfte fehlten der Reichsbahn trotz Planwirtschaft und trotz Vollbeschäftigung dauernd, auch wenn dies in allen Erklärungen zum »Tag des Eisenbahners« nicht erwähnt wurde. Die schmalspurigen Traditionsbahnen im Erzgebirge, im Harz und an der Ostsee erheiterten wohl die Wochenenden der Werktätigen, konnten aber die Transportkrisen der Republik nicht beheben, die der damalige DDR-Verkehrsminister Erwin Kramer 1957 treffsicher so charakterisierte: »Das ganze Geheimnis besteht darin, mit weniger Lokomotiven mehr Tonnen zu befördern.«

Hundert andere Aspekte der DDR-Reichsbahn sind ebenso wichtig wie die genannten: Klubräume auf den Bahnhöfen, Fahnen vor Bahnbetriebswerken, Zugfunksprecherinnen in Schnellzügen, Blumenbeete an Blockstellen, Volksküche in den Mitropa-Gaststätten, Helden der Arbeit im sozialistischen Wettbewerb, Lok-Aktivisten der »500er-Bewegung«, die Gardinenzüge des großen Bruders, Medaillen für verdiente Eisenbahner, Frauen im Ingenieurstudium, Schäferhunde unter dem Transitzug, Eisenbahner-Sportvereine im blauen Hemd, Kinder bei den Pioniereisenbahnen, Sabotagefurcht in den Kampfgruppen, Zensur der Betriebszeitung, Dampflokomotiven vor Planzügen, S-Bahn-Betrieb in der Frontstadt West-Berlin, Transportpolizei auf Grenzbahnhöfen, Transparente für Parteitage, Sonderzüge zur Leipziger Messe, Gartenbänke aus dem Reichsbahn-Ausbesserungswerk, Devisenvergehen im Speisewagen.

Die Epoche einer überlasteten, mißverstandenen und zerfallenden Deutschen Reichsbahn war mit dem Untergang ihrer DDR fast beendet. Das grandiose Streckenjubiläum für »Dresden-Leipzig« vom April 1989 und die überfüllten Flüchtlingszüge aus Ungarn vom September 1989 bildeten den Schlußakkord in einem gedämpften und manchmal traurigen Stück der Eisenbahngeschichte.

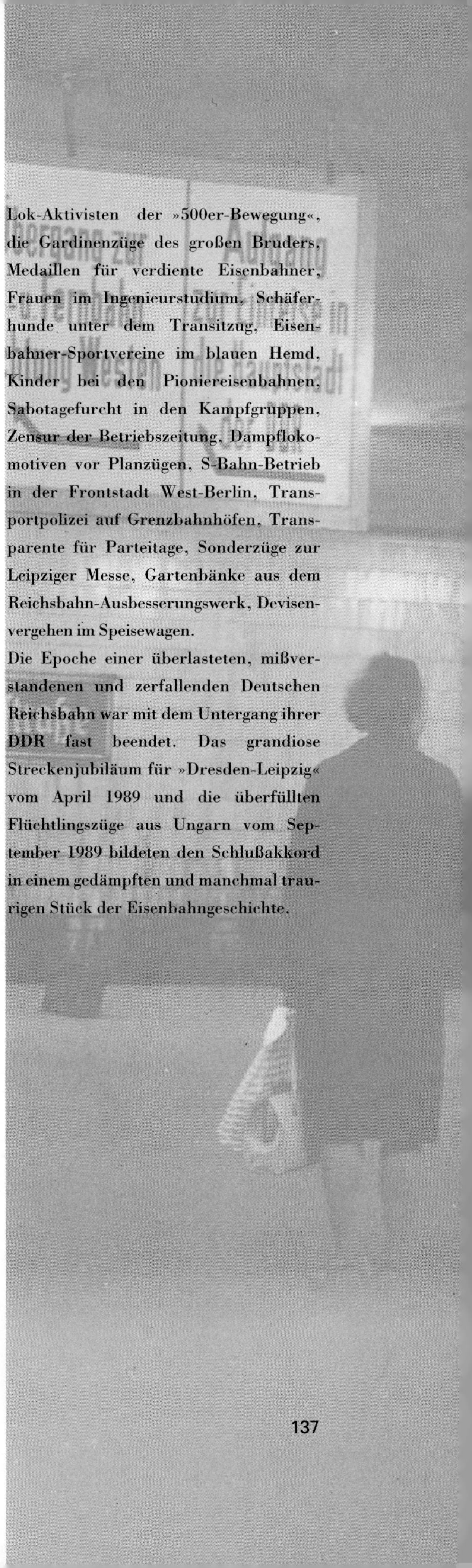

Staatsbahn der DDR

Die Frage nach den Gründen für die Beibehaltung des alten Namens »Deutsche Reichsbahn« ist in der DDR nicht gern beantwortet worden. Umständliche Argumentationspapiere gaben immer wieder die Einbindung in internationale Abkommen der Bahnen und die hohen Kosten einer Namensänderung bei Anschriften und Drucksachen an, erwähnten aber nur beiläufig die Berliner Betriebsrechte als den allein ausschlaggebenden Punkt. So ist die 1950 in einer Konstruktionsskizze für Güterwagen geplante Umschrift der Buchstaben »DR« mit den Worten »Deutsche Demokratische Republik« ebensowenig in die Tat umgesetzt worden wie die 1965 ins Gespräch gebrachte Bezeichnung »Staatsbahn der DDR«. Die vier Mächte hätten einer Änderung des Status quo in Berlin nicht zugestimmt und diese Züge in den Westsektoren nicht mehr fahren lassen. Welches Streckennetz der Deutschen Reichsbahn nach dem Ende der Demontage in der früheren sowjetischen Besatzungszone zur Verfügung stand, belegt die Kursbuchkarte vom 2. Oktober 1949. In den folgenden Jahren hat man »Strecken zur Zeit außer Betrieb« nicht einmal mehr durchbrochen dargestellt. Für das Jahr 1949 wird die Betriebslänge in der neugegründeten DDR – noch ohne die verstaatlichten Privatbahnen – mit 12 033 km in Normalspur und 498 km in Schmalspur angegeben; 1950 belief sich die Gesamtbetriebslänge der Reichsbahn auf 15 945 km. Mit großem Aufbauwillen hat man die ostdeutschen Bahnanlagen bis zu den »III. Weltfestspielen der Jugend und Studenten für den Frieden« im Sommer 1951 aufgeräumt und dekoriert, wie es am Berliner Ostbahnhof geschah.

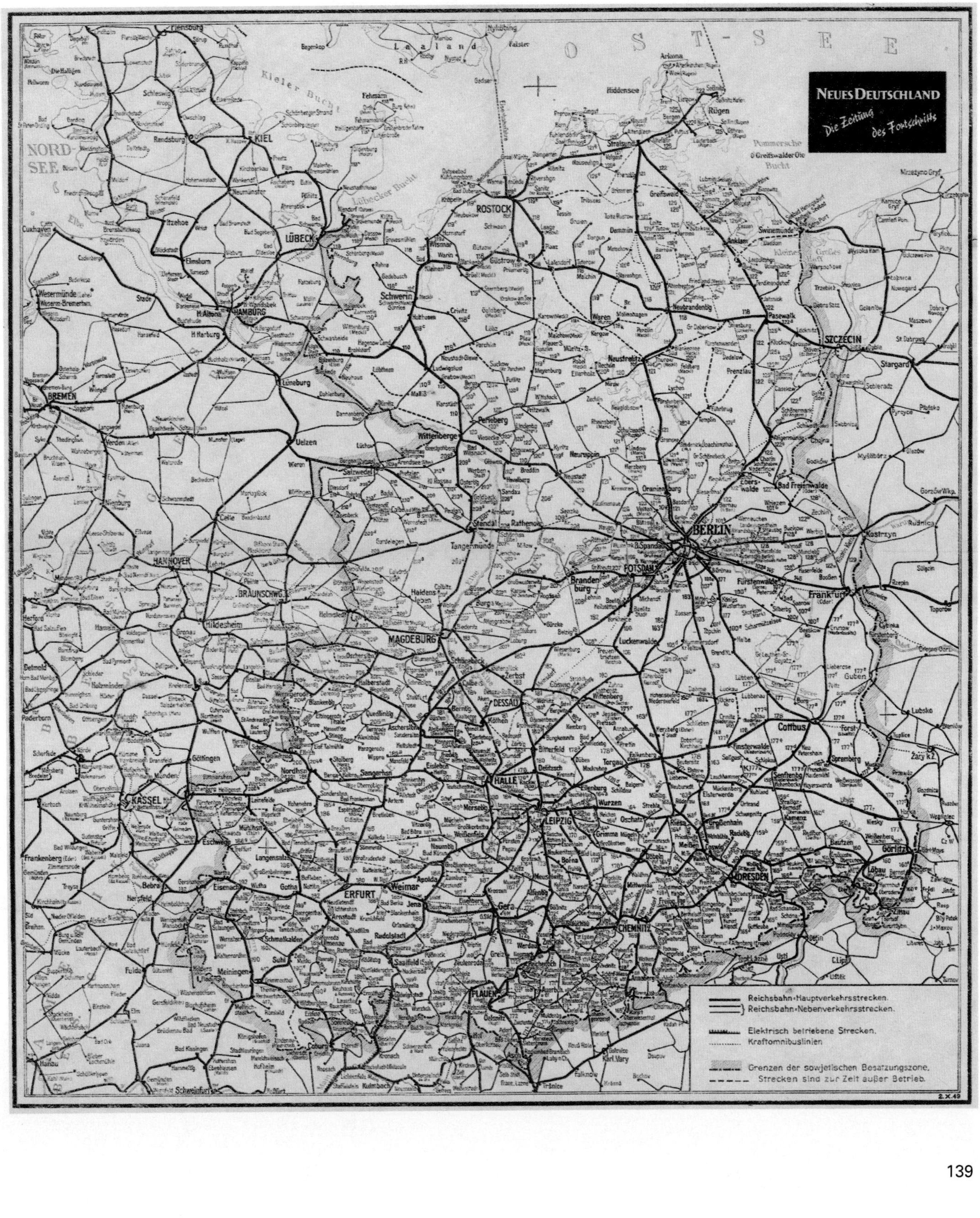
NEUES DEUTSCHLAND
Die Zeitung des Fortschritts
OSTSEE
NORD-SEE
KIEL
LÜBECK
ROSTOCK
HAMBURG
BREMEN
Schwerin
Stralsund
Rügen
Neubrandenburg
SZCZECIN
Stargard
Wittenberge
Uelzen
Celle
HANNOVER
BRAUNSCHWG.
Hildesheim
MAGDEBURG
Stendal
Rathenow
BERLIN
POTSDAM
Brandenburg
Frankfurt (Oder)
Kostrzyn
Luckenwalde
Zerbst
DESSAU
Wittenberg
Cottbus
Guben
Göttingen
KASSEL
Nordhausen
HALLE
LEIPZIG
Wurzen
Riesa
DRESDEN
Görlitz
ERFURT
Weimar
Gotha
Eisenach
Gera
Zwickau
CHEMNITZ
PLAUEN
Meiningen
Coburg
Usti
Zittau
Reichsbahn-Hauptverkehrsstrecken.
Reichsbahn-Nebenverkehrsstrecken.
Elektrisch betriebene Strecken.
Kraftomnibuslinien
Grenzen der sowjetischen Besatzungszone.
Strecken sind zur Zeit außer Betrieb.
2.X.49

Brigaden und Aktivisten

Die staatspolitischen Einflüsse bei der Deutschen Reichsbahn waren vom ersten Tag an stark. Die Umstellung der Berliner Bahnhofsnamen vom »Schlesischen Bahnhof« zum Ostbahnhof und vom »Stettiner Bahnhof« zum Nordbahnhof im Mai 1950 war nur ein Symbol dafür. Der Schnellzug links trägt die Zeichen der »Freien Deutschen Jugend«. Der erste Generaldirektor der Reichsbahn von 1945 bis 1949, Willi Besener, wurde wegen zu geringen Verständnisses für die Planwirtschaft seines Postens enthoben. Der Nachfolger von 1949 bis 1950, Willi Kreikemeier, verschwand bald wegen angeblicher Spionage für den Westen im Zuchthaus. Mit Erwin Kramer, der zur Nazizeit in Spanien und der Sowjetunion gelebt hatte, stand von 1950 bis 1970 ein linientreuer Kommunist als Generaldirektor an der Spitze der Reichsbahn; seit 1954 war er auch Minister für Verkehrswesen der DDR. Auf Anregung russischer Berater führte er die »Politische Verwaltung« bei der Eisenbahn ein. Schon zuvor hatte es viele politisch begründete Neuerungen gegeben: Die »Qualitätsbrigade Lipphardt« vom Bahnbetriebswerk Halle gehörte 1950 zum Programm der Schwerlastzüge, bei denen die Anhängelasten einer Maschine von 1200 t auf 2000 t gesteigert wurden, um Kohlen und Lokomotiven massiv einzusparen. In der »500er-Bewegung« wurde damals auch die tägliche Laufleistung je Lokomotive auf 500 km gebracht. Verdiente Aktivisten wurden mit Prämien ausgezeichnet. Verkehrsminister Kramer (mit Brille) stellte die Aktivistin Schnegulau vom Chemnitzer Reichsbahn-Ausbesserungswerk »Wilhelm Pieck« dem Namenspatron am 16. Mai 1952 in Berlin persönlich vor.

Qualitätsbrigade
Lipphardt
Bw. G Halle/S
44 614

Parolen an Lokomotiven

Unübersehbar waren die politischen Spruchbänder auf den Bahnhöfen und an den Lokomotiven der Deutschen Reichsbahn. Die Losungen der SED-Parteitage und die Namen der Jugendobjekte gehörten ebenso dazu wie Wandbilder und Fahnen. Aus dem Deutschen Reichsbahn-Kalender von 1956 ist das denkwürdige Blatt mit den Männern und Frauen unter dem roten Banner und neben der Parole »Kämpft für die Wiedervereinigung Deutschlands« entnommen. Schon etwas verblichen wirkte die Aufschrift »Wir fordern Friedensvertrag« an der ehemals preußischen Güterzuglokomotive bei Berlin im Bild oben. Dagegen sollte das bunte Wandbild der thüringischen Szene um 1958 wieder Fortschritt und Optimismus verkörpern: Eine Neubau-Dampflokomotive der Baureihe 65^{10} schleppt einen der modernen Doppelstockzüge flott bergwärts. Die großen Buchstaben »Deutsche Reichsbahn« an der Seitenwand der Wagen zeigten den Stolz auf diese Leistung des Ingenieurs Grevesmühl im Technischen Zentralamt, sein Kollege Hans Schulze hatte die Lokomotive entworfen. Insgesamt 360 neue Dampflokomotiven wurden von 1954 bis 1960 in Dienst gestellt, 662 ältere Loks zwischen 1958 und 1965 wirkungsvoll rekonstruiert.

1. MAI
1956
Kämpft für die WIEDERVEREINIGUNG DEUTSCHLANDS

Pioniere und Dispatcher

Die Betreuung der Jugend durch die Reichsbahn spielte eine große Rolle. Ganze Züge wurden als Ferienlager der FDJ eingesetzt, regelmäßig auch Kindertransporte in die Betriebsferienlager gefahren (Bild rechts). Zur vorberuflichen Ausbildung wurden, sowjetischem Vorbild folgend, die Pioniereisenbahnen in mehreren Städten aufgebaut, wo junge Menschen beinahe spielend in den Betriebsdienst der Eisenbahn eingeführt wurden. Das Bild oben zeigt den Bahnhof »Frohe Zukunft« am Fucikplatz in Dresden mit einer Liliputlokomotive. Im Betriebsdienst der Reichsbahn kam als sozialistische Neuerung die englische Vokabel vom »Dispatcher« auf. Ein Fachlexikon nannte den nach sowjetischen Erfahrungen ab 1954 eingeführten Dispatcherdienst eine »Methode der Betriebsführung auf dem Prinzip der persönlichen Verantwortung, staatsbewußter Disziplin sowie der Initiative aller beteiligten Eisenbahner«. An die Stelle der alten Zugleitungen traten jetzt »Beschäftigte mit hoher Verantwortung als Kommandokader im operativen Dienst«, um den Betriebsablauf pünktlich, sicher und dazu noch wirtschaftlich zu lenken. Unter örtlich einheitlicher Leitung standen damit die bisher getrennt tätigen Fahr-, Wagen-, Triebfahrzeug-, Betriebs- und technischen Wagendienste der Deutschen Reichsbahn. Die militärische Kommandostruktur wurde betont durch neue »Dispatcher-Fernsprech-Anschlußverbindungen«, spezielle Wechselsprechanlagen für Befehl und Bericht zwischen dem Dispatcher und seiner Oberdispatcherleitung. Der tägliche Rapport am sogenannten »Latschen« oder »Pantoffel« dieses Telefons prägte die Reichsbahn wie die Gesellschaft in der DDR nicht unerheblich. Das Bild unten zeigt rechts zwei Dispatcher des Reichsbahnamtes 3 Berlin-Grünau in den fünfziger Jahren.

BERLINER
S
BAHN
W

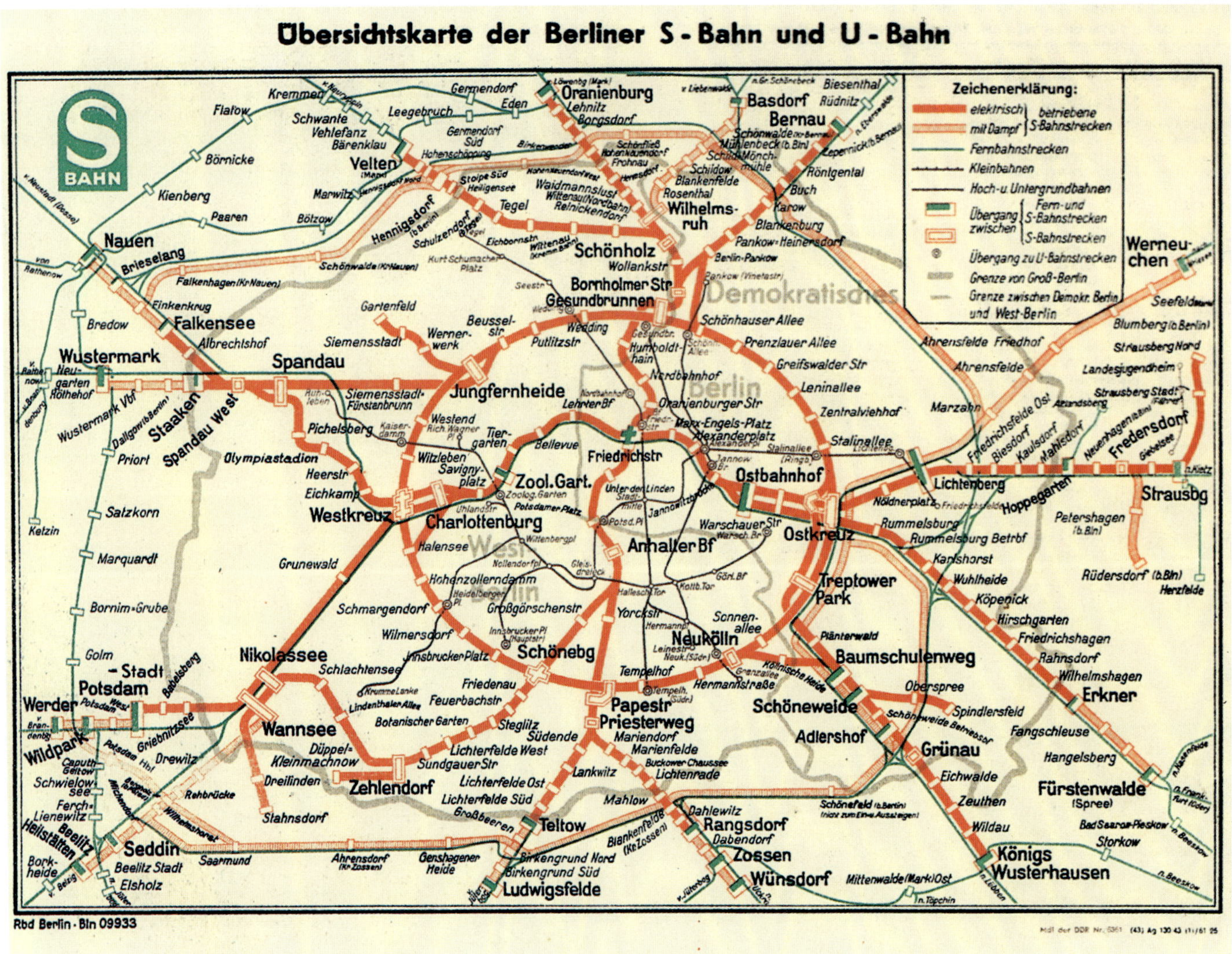
Übersichtskarte der Berliner S-Bahn und U-Bahn
S
BAHN
Zeichenerklärung:
elektrisch
mit Dampf
betriebene S-Bahnstrecken
Fernbahnstrecken
Kleinbahnen
Hoch- u. Untergrundbahnen
Übergang zwischen
Fern- und S-Bahnstrecken
S-Bahnstrecken
Übergang zu U-Bahnstrecken
Grenze von Groß-Berlin
Grenze zwischen Demokr. Berlin und West-Berlin
Demokratisches
Berlin
West
Berlin
Oranienburg
Lehnitz
Borgsdorf
Basdorf
Bernau
Biesenthal
Rüdnitz
Gernendorf
Eden
Kremmen
Flatow
Schwante
Vehlefanz
Bärenklau
Leegebruch
Velten
Hohenschöpping
Börnicke
Kienberg
Paaren
Marwitz
Bölzow
Hennigsdorf
Stolpe Süd
Heiligensee
Schulzendorf
Tegel
Waidmannslust
Wittenau (Nordbahn)
Reinickendorf
Schönfließ
Frohnau
Hermsdorf
Schildow
Blankenfelde
Rosenthal
Wilhelmsruh
Schönwalde
Mühlenbeck
Zepernick
Röntgental
Buch
Karow
Blankenburg
Pankow-Heinersdorf
Berlin-Pankow
Schönholz
Wollankstr
Bornholmer Str
Gesundbrunnen
Nauen
Brieselang
Schönwalde (Kr Nauen)
Falkenhagen (Kr Nauen)
Finkenkrug
Falkensee
Albrechtshof
Bredow
Wustermark
Neugarten
Rohrbeck
Staaken
Spandau West
Spandau
Siemensstadt
Gartenfeld
Wernerwerk
Beusselstr
Putlitzstr
Wedding
Humboldthain
Nordbahnhof
Schönhauser Allee
Prenzlauer Allee
Greifswalder Str
Leninallee
Zentralviehhof
Stalinallee
Ahrensfelde Friedhof
Ahrensfelde
Marzahn
Werneuchen
Seefeld
Blumberg (b Berlin)
Strausberg Nord
Landesjugendheim
Strausberg Stadt
Fredersdorf
Neuenhagen
Mahlsdorf
Kaulsdorf
Biesdorf
Friedrichsfelde Ost
Hoppegarten
Strausbg
Petershagen (b Bln)
Rüdersdorf (b Bln)
Herzfelde
Jungfernheide
Siemensstadt-Fürstenbrunn
Lehrter Bf
Oranienburger Str
Marx-Engels-Platz
Alexanderplatz
Friedrichstr
Westend
Pichelsberg
Olympiastadion
Tiergarten
Bellevue
Witzleben
Savignyplatz
Zool. Gart.
Heerstr
Eichkamp
Westkreuz
Charlottenburg
Halensee
Ostbahnhof
Lichtenberg
Nöldnerplatz
Ostkreuz
Rummelsburg
Rummelsburg Betrbf
Warschauer Str
Anhalter Bf
Treptower Park
Karlshorst
Wuhlheide
Köpenick
Hirschgarten
Friedrichshagen
Rahnsdorf
Wilhelmshagen
Erkner
Grunewald
Hohenzollerndamm
Schmargendorf
Wilmersdorf
Großgörschenstr
Yorckstr
Neukölln
Sonnenallee
Plänterwald
Baumschulenweg
Schöneweide
Oberspree
Spindlersfeld
Adlershof
Grünau
Fangschleuse
Hangelsberg
Fürstenwalde (Spree)
Eichwalde
Zeuthen
Wildau
Königs Wusterhausen
Nikolassee
Schlachtensee
Innsbrucker Platz
Schöneberg
Tempelhof
Hermannstraße
Papestr
Priesterweg
Mariendorf
Marienfelde
Buckower Chaussee
Lichtenrade
Friedenau
Feuerbachstr
Steglitz
Südende
Botanischer Garten
Lichterfelde West
Sundgauer Str
Lichterfelde Ost
Lichterfelde Süd
Lankwitz
Mahlow
Wannsee
Düppel-Kleinmachnow
Zehlendorf
Dreilinden
Stahnsdorf
Großbeeren
Teltow
Dahlewitz
Rangsdorf
Dabendorf
Zossen
Wünsdorf
Mittenwalde (Mark) Ost
Birkengrund Nord
Birkengrund Süd
Ludwigsfelde
Genshagener Heide
Ahrensdorf
Saarmund
Seddin
Beelitz Stadt
Elsholz
Beelitz Heilstätten
Borkheide
Werder
Potsdam Stadt
Babelsberg
Griebnitzsee
Wildpark
Drewitz
Caputh-Geltow
Schwielowsee
Ferch-Lienewitz
Rehbrücke
Golm
Bornim-Grube
Marquardt
Satzkorn
Priort
Ketzin
Wustermark Vbf
Dallgow
Rbd Berlin - Bln 09933

Reichsbahndirektion Berlin

Bereits im Juni 1949 hatte es einen ersten großen Konflikt um die Reichsbahn in den Westsektoren Berlins gegeben. Nach dem Ende der Blockade forderten die West-Berliner Eisenbahner ihren Lohn dafür in westlicher Währung und gingen in der »Unabhängigen Gewerkschafts-Opposition« bis zum Streik, doch dieser »UGO-Putsch« wurde auf alliierten Druck beigelegt. Die Bahn zahlte einen Teil des Lohns in Westgeld, den Rest mußte der Magistrat umtauschen. Die Reichsbahndirektion Berlin zog 1949/50 in den Ostsektor um, und die großen Fernbahnhöfe mit Ausnahme der Stadtbahnstationen wurden bis 1952 stillgelegt. In den Jahren zwischen 1958 und 1961 hat man die Ruinen abgerissen, um die Stadt zu enttrümmern; eine solche Beratung am Anhalter Bahnhof 1959 zeigt die Aufnahme rechts. Innerhalb Berlins rollten die Züge der S-Bahn weiterhin über die Sektorengrenzen, doch war West-Berlinern die Fahrt in das Umland nicht gestattet. Dagegen wurden für den internen Verkehr der DDR zwischen Ost-Berlin und Potsdam besondere »Durchläufer-Züge« über die Stadtbahnstrecke eingerichtet, die auf den westlichen Stationen nicht hielten. Ein neuer Triebwagentyp für die S-Bahn wurde 1959 zum 10. Jahrestag der DDR-Gründung in Berlin auf der Straße Unter den Linden mit großem Aufwand vorgestellt. Dieser Typ ET 170 schmückte auch das kleine Informationsheft vom Frühjahr 1961, aus dem die Streckenkarte der Vor-Mauer-Zeit entnommen ist.

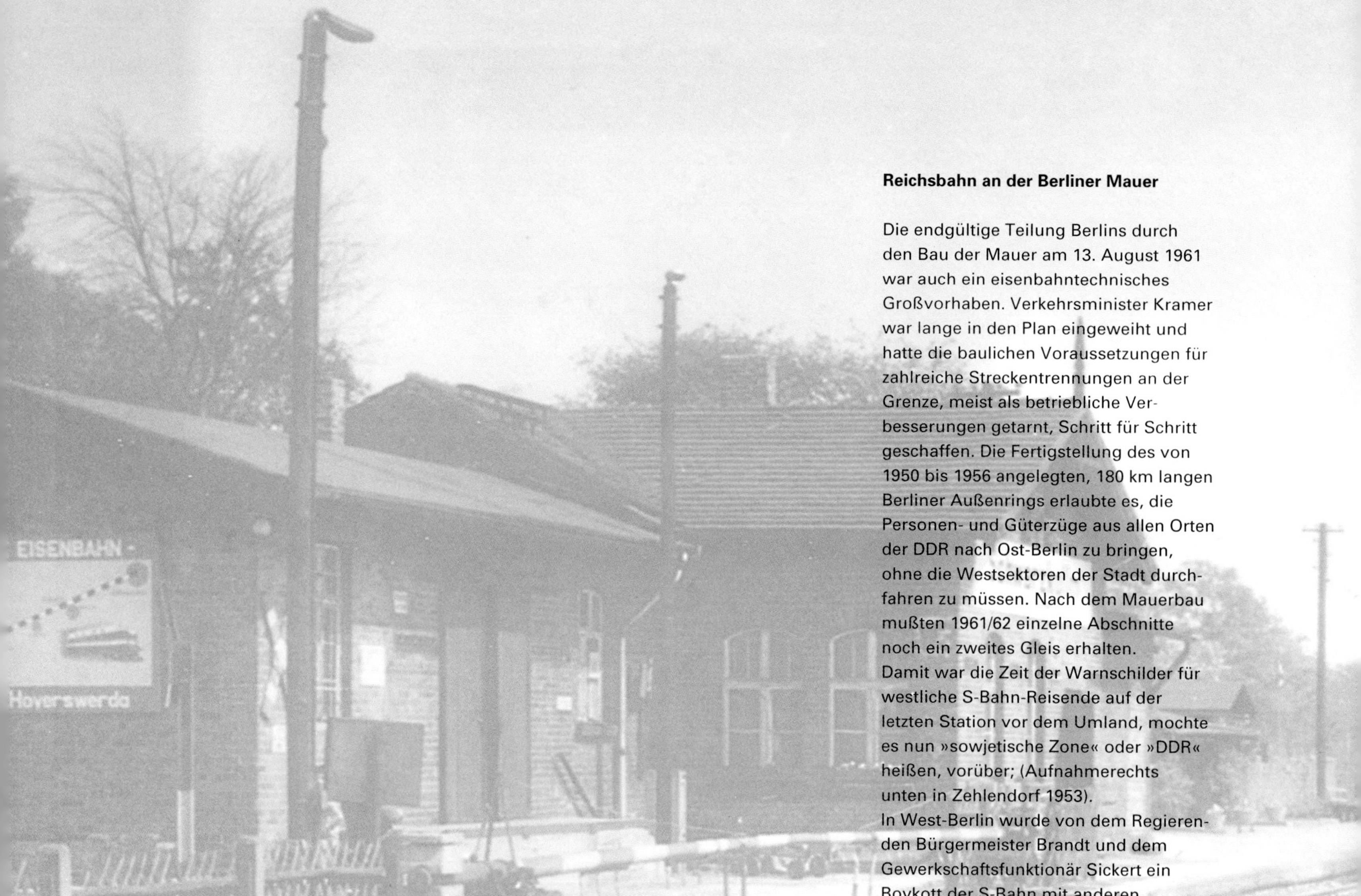

Reichsbahn an der Berliner Mauer

Die endgültige Teilung Berlins durch den Bau der Mauer am 13. August 1961 war auch ein eisenbahntechnisches Großvorhaben. Verkehrsminister Kramer war lange in den Plan eingeweiht und hatte die baulichen Voraussetzungen für zahlreiche Streckentrennungen an der Grenze, meist als betriebliche Verbesserungen getarnt, Schritt für Schritt geschaffen. Die Fertigstellung des von 1950 bis 1956 angelegten, 180 km langen Berliner Außenrings erlaubte es, die Personen- und Güterzüge aus allen Orten der DDR nach Ost-Berlin zu bringen, ohne die Westsektoren der Stadt durchfahren zu müssen. Nach dem Mauerbau mußten 1961/62 einzelne Abschnitte noch ein zweites Gleis erhalten.
Damit war die Zeit der Warnschilder für westliche S-Bahn-Reisende auf der letzten Station vor dem Umland, mochte es nun »sowjetische Zone« oder »DDR« heißen, vorüber; (Aufnahmerechts unten in Zehlendorf 1953).
In West-Berlin wurde von dem Regierenden Bürgermeister Brandt und dem Gewerkschaftsfunktionär Sickert ein Boykott der S-Bahn mit anderen Schildern durchgesetzt; hier vor dem Bahnhof Zoo am 18. August 1961.
Weil in Staaken bei Berlin ein Zug mit Flüchtlingen durch die Sperren gebrochen war, scheute man dort selbst vor dem Bau eines Wachturms im Gleis nicht mehr zurück; (Bild rechts oben). Erst am 26. September 1976 wurde dieser Transit-Übergang für Reisezüge wieder geöffnet.

Schwarzkoll

Bahnhof Berlin-Zehlendorf
OPTIK FOTO
Achtung!
S-Bahnreisende, warnt vor Eurem Aussteigen Mitreisende, da bei Weiterfahrt in Richtung Potsdam Freiheitsentzug droht. Fahrtrichtung beachten!

Transportpolizei und Grenztruppen

Zum Eisenbahnverkehr der Deutschen Reichsbahn gehörte die dauernde Anwesenheit uniformierter Aufpasser. An der Grenze, auf den zugelassenen Übergängen und in den Transitzügen beherrschten Grenztruppen, Zoll und Transportpolizei mit ihren Hunden das Bild, die echten Eisenbahner spielten eher eine Nebenrolle. »Grenzposten der Nationalen Volksarmee sichern auch den reibungslosen Eisenbahnverkehr im Grenzgebiet der Deutschen Demokratischen Republik«, lautet der historische Text von 1985 zu dem Bild unten.
In einem Werbeheft der Transportpolizei von 1976 ist im Ton jener Zeit zu lesen: »Der Schutzpolizist der Transportpolizei verrichtet eine wichtige und verantwortungsvolle Tätigkeit in den Reihen der Deutschen Volkspolizei. Durch seinen Dienst auf dem Gelände der Deutschen Reichsbahn gewährleistet er – im engen Kontakt mit den Eisenbahnern und der Bevölkerung – die öffentliche Ordnung und Sicherheit. Der Schutzpolizist der Transportpolizei ist im Streifendienst vor allem auf Knotenbahnhöfen im Personen- und Güterverkehr vorbeugend tätig, um Straftaten, andere Rechtsverletzungen sowie Gefahren, Störungen und Schäden zu verhindern. Das stellt den Schutzpolizisten der Transportpolizei Tag und Nacht vor vielseitige und komplizierte Situationen, die er im Interesse des sozialistischen Staates und seiner Bürger bewältigt. Das verlangt von ihm ein fundiertes politisches und fachliches Wissen, Einsatzbereitschaft und Einfühlungsvermögen.« Die Aufnahme der folgenden Doppelseite steht in engstem Zusammenhang mit dem Wirken der Grenzorgane: Am Bahnsteig in Bebra warten Rentner aus der DDR mit ihren Koffern auf den Interzonenzug von Frankfurt am Main nach Leipzig.
Hinter ihnen stehen zwei rekonstruierte Reichsbahn-Dampflokomotiven der Baureihe 01^5 aus Erfurt; (Photographie von Arnold Müll im Oktober 1972).

Volkseigener Schienenfahrzeugbau

Im ersten Siebenjahrplan der DDR für den Zeitraum von 1958 bis 1965 begann als Teil der »sozialistischen Rekonstruktion« der Deutschen Reichsbahn die Umstellung der Zugförderung von Dampflokomotiven auf Diesel- und Elektro-Triebfahrzeuge. In diesem Plan sollten weit über 1000 Dieselloks, davon 400 Stück für den Streckendienst, beschafft werden. Die daraufhin entwickelten Baureihen V 60 für den Rangierdienst und V 180 für den Fernverkehr kamen von 1960 bis 1970 aus dem VEB Lokomotivbau »Karl Marx« in Babelsberg und vom VEB Lokomotivbau-Elektrotechnische Werke »Hans Beimler« in Hennigsdorf. Die mittlere Mehrzwecklok V 100, in Leipzig 1964 vorgestellt, trug zur Ablösung der Dampftraktion auf Nebenbahnen erheblich bei. Die farbigen Abbildungen von Karl-Heinz Brust zeigen die Prototypmaschine V 180 002 auf dem Berliner Außenring um 1962 und die Sonderausführung V 180 059 mit Plast-Führerhaus in Dresden 1965. Das Bahnbetriebswerk Dresden Hbf wurde damals zum Unterhaltungswerk umgebaut. In der Aufnahme rechts von Gottfried Köhler sind drei Streckenloks V 180, eine Rangierlok V 60 und eine Dampflok der Reihe 22 zu sehen. 1966 beschloß der DDR-Ministerrat, den Traktionswechsel durch die Einfuhr zahlreicher sowjetischer Großdieselloks stark zu beschleunigen, vor allem durch Typen mit 2000 und 3000 PS Motorleistung. Über tausend dieser schweren Maschinen rollten bis 1982 ins Land, mit Spitznamen wie »Taigatrommel« oder »Ludmilla« bedacht. 1980 wurden mit Dieselloks 71,8 Prozent aller Zugförderungsleistungen bei der Reichsbahn erbracht, aber auch ein Viertel des gesamten in der DDR verbrauchten Dieselkraftstoffs wurde dafür benötigt.

Traktionswandel bei der Reichsbahn

Im Jahr 1970 wurde für sämtliche Triebfahrzeuge der Reichsbahn ein neuer Nummernplan eingeführt; die Aufnahmen aus dem Zugförderungsdienst auf dieser Doppelseite sind ausnahmslos noch vor dem Datum der Umzeichnung entstanden. Zum Zweck der Steigerung von Leistung und Wirtschaftlichkeit wurden 550 Dampflokomotiven zwischen 1966 und 1969 mit dem österreichischen Giesl-Flachejektor ausgerüstet; wegen der Lizenzgebühren wurde dieser Schornstein später wieder ausgebaut. Das Bild links oben vom Hauptbahnhof Dresden zeigt einen Eilzug nach Zittau am 8. März 1969. Etwa zweihundert andere Lokomotiven erhielten eine Ölhauptfeuerung des Kessels. Die Länge der Schmalspurstrecken bei der Reichsbahn belief sich 1951 auf 1352 km, wurde bis 1970 aber auf 559 km reduziert. Die Spreewaldbahn im Raum zwischen Lübben und Cottbus hat man Anfang 1970 ganz stillgelegt; (Bild darunter). Als modernes Schienenfahrzeug kam 1959 der Leichttriebwagen VT 2.09 heraus, liebevoll mit »Keksdose« oder unfreundlich als »Ferkeltaxe« bezeichnet. Die 1968 entstandene Aufnahme ganz unten zeigt sogar einen ganzen Zug als »Jugendobjekt« in der neuen Bahnstation der großen Trabantensiedlung Halle-Neustadt, als dort noch keine Oberleitung hing. Für die elektrische Zugförderung wurden seit 1961 die Hennigsdorfer Baureihen E 11 und E 42 mit zusammen 388 Stück gebaut; im Bild darüber eine solche E 42 auf dem Hauptbahnhof Leipzig im September 1969. Eine neue Generation elektrischer Lokomotiven, heute als Baureihe 143 in vielen hundert Exemplaren bekannt, löste sie 1983 in der Produktion ab.

Frauen und Männer der Reichsbahn

Als die Zentralstelle für Berufsbildung des Ministeriums für Verkehrswesen der DDR im Jahr 1972 das rechts gezeigte Werbeheft herausgab, waren bei der Deutschen Reichsbahn, dem größten volkseigenen Betrieb des Landes, etwa 250 000 Menschen beschäftigt. Wichtig: Etwa ein Viertel davon waren Frauen. Die beiden hoffnungsvollen jungen Leute hießen Beate Kunze, Technische Zeichnerin im Dessauer Stahlbau, und Manfred Herrmann, Elektromonteur im Dessauer Ausbesserungswerk »Otto Grotewohl«; beide frisch mit der Karl-Liebknecht-Medaille ausgezeichnet, der höchsten staatlichen Auszeichnung für Lehrlinge in der sozialistischen Berufsausbildung. Der Bedarf der Eisenbahn an Facharbeitern für den Betriebs- und Verkehrsdienst, für Eisenbahnbautechnik und für Nachrichtentechnik sowie an Fahrzeugschlossern, Elektromonteuren und Elektrosignalmechanikern war groß, so daß schon in den Schulen intensiv geworben wurde. Das gesellschaftspolitische Ziel der Vollbeschäftigung ließ aber auch solche Dienstposten bestehen wie den im Wärterhaus 50 bei Schönberg im Vogtland (links oben) noch im Jahr 1983. Im Ferienverkehr hatte die Reichsbahn stets große soziale Aufgaben zu erfüllen, so bei der Durchführung des »Touristen-Expreß« mit Schlafwagen nach dem bulgarischen Badeort Varna am Schwarzen Meer. Die Aufnahme links unten auf dem Hauptbahnhof von Dresden entstand 1968.

Dein Beruf
bei der
Deutschen
Reichsbahn
120 225-8

Internationaler Verkehr

Die fehlende diplomatische Anerkennung und die Reisebeschränkungen der DDR gaben allen internationalen Aktivitäten der Reichsbahn politische Bedeutung und Exklusivität. Viele Reisezüge im grenzüberschreitenden Verkehr erhielten klingende Namen: Balt-Orient-Expreß, Berlinaren, Berolina, Favorit, Hungaria, Istropolitan, Karlex, Moskwa-Expreß, Neptun, Pannonia-Expreß, Saßnitz-Expreß, Vindobona und Warszawa-Hoek-Expreß waren die wichtigsten. Die Züge nach Böhmen und Österreich wurden vielfach mit älteren und jüngeren Schnelltriebwagen gefahren, wie er hinter den drei Männern der Reichsbahn im stolzen Bild von 1956 zu erkennen ist. Die Eröffnung der Container-Verbindung zwischen Dresden und dem Rostocker Überseehafen im Juni 1968 wurde als bedeutender Fortschritt im Rationalisierungsprozeß zugunsten des staatlichen Außenhandels verstanden. Grundsätzliche Veränderungen im Verhältnis zwischen den beiden deutschen Staaten erhoffte man sich auch von der Bahnfahrt, die Bundeskanzler Willy Brandt am 19. März 1970 nach Erfurt unternahm; der Reporter Hanns Hubmann war damals auf dem Bahnsteig. Es folgte im neuen Regierungszug der DDR ein Gegenbesuch des Ministerpräsidenten Willi Stoph in Kassel am 21. Mai 1970. Das danach gemeinsam ausgearbeitete innerdeutsche Transitabkommen vom 17. Dezember 1971 und auch der Grundlagenvertrag zwischen Bundesrepublik und DDR vom 21. Dezember 1972 erleichterten den Verkehr zwischen Bundesbahn und Reichsbahn sowie nach West-Berlin erheblich.

Zur Erhöhung der Effektivität im Transportprozeß,
Fahrt frei für
ersten Containerzug !

Bahnsteig 1

Städte-Expreß-Züge

Im Reiseverkehr benutzten etwa zwei Millionen Menschen täglich die Züge der Reichsbahn. Unter ihren etwa 7300 Zügen pro Tag galten rund 600 Verbindungen als schnellfahrende Reisezüge. Bereits 1960 hatte die Reichsbahn einen »Städteschnellverkehr« eingerichtet, der rasche und günstig gelegene Früh- und Abendverbindungen zwischen Berlin und mehreren Bezirksstädten herstellte. Ab 1976 wurde, gebildet mit orange-beige lackiertem Wagenmaterial aus einem mißglückten Exportauftrag, das Angebot »Städte-Expreß« für den hochwertigen Binnenverkehr der DDR aufgebaut: Berlin-Expreß, Berliner Bär, Börde, Elbflorenz, Elstertal, Fichtelberg, Lipsia, Petermännchen, Rennsteig, Sachsenring und Stoltera waren die typischen Namen dieser Züge zwischen Berlin und den Bezirkshauptstädten. Nicht nur Funktionäre und Touristen schätzten sie, sondern ebenso die aus den Bezirken in die Hauptstadt der DDR versetzten Bauarbeiter, die dort zum Stadtjubiläum Berlins 1987 wirkten. In jenen Jahren entstanden auch die hochliegenden Glaskanzeln der Bahnsteigaufsichten, wie hier in Berlin-Lichtenberg bei der Abfertigung eines Städte-Expreß nach Dresden zu sehen. Die Farbbilder von Karl-Heinz Brust zeigen oben den Städte-Expreß 170 »Elbflorenz« nach Berlin auf der Dresdener Marienbrücke am 13. September 1977, unten den internationalen Schnelltriebwagenzug »Karlex« nach Karlsbad bei Hundsgrün im Vogtland am 10. Juli 1970.

Die moderne Reichsbahn

In den achtziger Jahren bemühte sich die Deutsche Reichsbahn intensiv um eine Modernisierung des Betriebs. Die älteren Mitropa-Speisewagen im Transitverkehr nach Berlin mit ihren geschwungenen Raumteilern waren 1982 bereits seltener zu sehen; (Bild links oben). Ein großes Elektrifizierungsprogramm brachte ab 1981/82, zum »Zentralen Jugendobjekt« erklärt, jährlich etwa 300 km Strecke mit Fahrleitung mehr. Im Februar 1984 wurden bei der Reichsbahn noch 435 Dampfloks auf Normalspur und 88 Stück auf Schmalspur gemeldet, dagegen ein Bestand von 670 elektrischen Lokomotiven. Das Eröffnungsbild links unten von der Strecke Neudietendorf – Arnstadt zeigt den »Bezirksfürsten« der SED, Gerhard Müller, am 15. Mai 1984 mit der obligaten Schere. Anfang 1988 waren bei der Reichsbahn 2856 km Strecke elektrifiziert, etwa ein Fünftel des Netzes. Über 40 Prozent der Güterverkehrsleistungen wurden elektrisch erbracht. Auch Funkfernsteuergeräte für Rangierlokomotiven wurden ab 1984 erprobt, erwiesen sich aber als untragbar schwer für eine Dienstschicht. Die Aufnahme rechts zeigt einen in Ehren ergrauten Lokführer auf dem Bahnhof Seehafen Rostock im Dialog mit der Präsidentin der Reichsbahndirektion Schwerin, Renate Fölsch.

80 Km/h

Karge Reichsbahn-Architektur

Nicht weniger als 2590 Empfangsgebäude besaß die Deutsche Reichsbahn Mitte 1990. Viele darunter waren verbraucht und in schlechtem Zustand, andere durch ihr Alter aber auch zum technischen Baudenkmal geworden. Für neuen Hochbau fehlten der Reichsbahn meist die Mittel, ein kärglicher und nüchterner Baustil herrschte lange Zeit vor. Das Stellwerk Eickendorf zwischen Halle und Magdeburg hatte 1985 noch keinen Wasseranschluß für das Personal. Typisch war auch der Berliner S-Bahnhof Schönhauser Allee von 1960. In Halle an der Saale wurde 1969 der Versuch unternommen, das historische Empfangsgebäude (Bild rechts oben) hinter einer kubistischen Fassade im Potjemkin-Stil zu verstecken; 1988 wurde diese Kulissenarchitektur wieder entfernt. Nennenswerte Neubauten sind auf den Bahnhöfen Berlin-Halensee, Schwarze Pumpe, Sangerhausen, Potsdam, Cottbus (Bild rechts unten) und Berlin-Lichtenberg entstanden. Der Totalumbau des alten Berliner Ostbahnhofs, unter dem Namen »Berlin Hauptbahnhof« zur 750-Jahr-Feier der Stadt projektiert, konnte bis heute nicht abgeschlossen werden (Bild unten).

BAHNHOF COTTBUS

44 1093-2

Letzte Dampflokomotiven

An den Zugförderungsleistungen der Reichsbahn war die Dampftraktion 1980 noch mit 6 Prozent beteiligt. Als die auf der vorangegangenen Doppelseite gezeigte Museumsmaschine 44 1093-2 im September 1993 ihren Schotterzug durch den Bahnhof Dresden-Neustadt schleppte, gehörte die Dampflok-Zugförderung bei der Reichsbahn eigentlich schon fünf Jahre der Vergangenheit an. Auf Normalspurstrecken war am 28. Mai 1988 der planmäßige Dampflokeinsatz beim Bahnbetriebswerk Oschersleben »offiziell eingestellt« worden, doch einzelne Exemplare wurden weiterhin in Betrieb gehalten und sogar bei »Plandampf-Tagen« noch vor fahrplanmäßigen Zügen benutzt. Daneben war 1980 von der DDR die Fortführung des Dampfbetriebs auf acht Schmalspurbahnen von zusammen 219 km Streckenlänge vorgesehen.
Eine »Ordnung für Eisenbahnmuseumsfahrzeuge« ist 1975 in Kraft gesetzt und ein Traditionslokbestand des Ministeriums für Verkehrswesen 1979 eingerichtet worden; sie umfaßten zusammen mehr als 150 Fahrzeuge. Nach 1980, als das Fotografierverbot für Lokomotiven nicht mehr ganz ernst genommen wurde, sind viele Aufnahmen von Reichsbahn-Dampfloks entstanden. Die Farbaufnahmen von Karl-Heinz Brust führen zum Block Seeventeich mit Dampflok 58 447 im September 1958 und in die Mittelhalle des Hauptbahnhofs Dresden mit Lok 22 039 im September 1971 (linke Seite). Von den Vorarbeiten zum Jubiläum »25 Jahre Verkehrsmuseum Dresden« am 13. September 1977 und von den Unterhaltungsarbeiten im Ausbesserungswerk Meiningen am 19. Mai 1987 berichten seine folgenden Bilder (rechte Seite).

Reichsbahn am Ende

Das Jahr 1989 ist in die Geschichte eingegangen als die Abendstunde der Deutschen Demokratischen Republik. Schon lange waren Anzeichen großer Erschöpfung und Verausgabung von Kräften spürbar gewesen. Vier Bilder deuten dies auf unterschiedliche Weise an: Die Aufnahme von der Leiter-Besprechung zeigt oben die Schweriner Direktionspräsidentin (Fölsch), neben ihr den Verkehrsminister der Jahre 1970 bis 1989 (Otto Arndt), stehend den Leiter der Politischen Abteilung der Reichsbahndirektion Halle (Ehrlich), daneben den Leiter der Zweiginspektion Eisenbahn der Arbeiter- und Bauern-Inspektion (Lämmel) und links den Stellvertreter des Ministers und Leiter der Politischen Verwaltung der Reichsbahn (Menzel) – kein gutes Bild. Der spätere Leiter der Politischen Verwaltung, Günter Grohmann, fühlte sich (unten) 1988 beim Besuch einer Betriebskampfgruppe im Werk für Gleisbaumechanik Radebeul sichtlich wohl. Und selbst die Verschiffung vieler Lastwagen des Typs W 50 mit der Eisenbahnfähre von Mukran in die Sowjetunion hatte einen bitteren Beigeschmack von Fehlplanung im Sozialismus. Die Massen waren vom Spektakel »40 Jahre Eisenbahn in Volkes Hand« bei Riesa, zugleich einer Art von 150-Jahr-Feier der Eisenbahn auf dem Boden der DDR, am 9. April 1989 eher begeistert; (Bild rechts unten).

RESTE DER REICHSBAHN

6

Die Erbschaft der Deutschen Bahn seit 1989

Ob von der Deutschen Reichsbahn in der DDR auch nur die Fußnote in der Eisenbahnhistorie übrigbleibt, wie man es einmal von ihrem Staat in unserer Nationalgeschichte befürchtet hat? Am 31. Dezember 1993 endete die Epoche der Eisenbahn mit diesem Namen nach 73 Jahren, wenn man das Erbe der Länderbahnen von 1920 zugrunde legt. Andere Zahlen sind da schwerer zu bestimmen: Hat die DDR-Bahn nun über 44 Jahre von 1949 bis 1993 oder auch von 1945 bis 1989 bestanden? Hat sie vielleicht nur 40 Jahre von 1949 bis 1989 oder sogar 49 Jahre von 1945 bis 1993 existiert?

Es kommt auf die genaue Zahl an Jahren wohl nicht an, und jeder kann sie für sich selbst festlegen. Eine eigentümliche Tatsache verdient es aber, festgehalten zu werden: Im Vereinigungsvertrag zwischen der Bundesrepublik und der Deutschen Demokratischen Republik von 1990 hat man bei der Eisenbahn, ganz im Gegensatz zum allgemeinen staatlichen Untergang des Ostens, diese Deutsche Reichsbahn durchaus mit dem alten Namen noch jahrelang weiterfahren lassen bis Ende 1993. Die Regierungen zogen es vor, sie nicht einfach in den neuen, größeren Staat zu übernehmen, weil einerseits im Osten zahlreiche Entlassungen und Stillegungen bei der Bahn vor der Tür standen und weil andererseits im Westen die als Subventionsempfänger verrufene Eisenbahn selbst gerade auf den Übergang in die Privatwirtschaft ohne direkte staatliche Hilfe in der Zukunft wartete. Zum 1. Januar 1994 wurden die beiden Sondervermögen des Bundes, nämlich die Deutsche Bundesbahn und die Deutsche Reichsbahn, in ein gemeinsames Bundeseisenbahnvermögen überführt. Zugleich übernahm die privatrechtliche »Deutsche Bahn AG« den Eisenbahnbetrieb auf den wichtigsten Schienen der Bundesrepublik. In sehr vielen Punkten verkörpert die neue Gesellschaft die Traditionen der alten Deutschen Bundesbahn, wie es sich bereits seit 1992 mit der Schaffung gemeinsamer Leitungspositionen in Personalunion für DR und DB angebahnt hatte. Zahllose qualifizierte Führungskräfte der Reichsbahn mußten in dieser Zeit abtreten, weil sich in ihren Biographien die traurigen Kontakte mit der Staatssicherheit fanden. Eisenbahngeschichte ohne Blick auf die Politik ist undenkbar, heißt es hier wieder. Höchst makaber auch der Umstand, daß die Zentrale der Reichsbahn anno 1990 aus praktischen Gründen in das verlassene Stasi-Hauptquartier an der Normannenstraße in Berlin-Lichtenberg einziehen mußte, um endlich die ordentlichen Büros zu bekommen, die ihr in der DDR unerreichbar waren.

Das neue Unternehmen ist in Berlin registriert und nutzte dieses Bauwerk weiter; die Bundesbahn-Zentrale in Frankfurt war zweiter Sitz. Aber selbst bei der »Deutschen Bahn AG« von 1994 gab es noch ein Tarifgebiet A (West) und ein Gebiet B (Ost), weil man die Fahrpreise aus sozialpolitischen Gründen nicht sofort gleichstellen konnte: Der Tarifkilometer Eisenbahnfahrt 2. Klasse kostete Mitte 1994 im Gebiet A schon 24 Pfennig, im Gebiet B dagegen noch 17 Pfennig. Lokomotivbeschaffungen und -reparaturen in den neuen Bundesländern enthielten ebenfalls eine starke beschäftigungspolitische Komponente. Dort waren die Löhne niedriger, aber auch die Arbeitsplätze stärker gefährdet als in Westdeutschland. Mit großer Freude sind jedenfalls die Einsätze der ostdeutschen Elektroloks in den westdeutschen S-Bahnnetzen ab 1993 betrachtet worden, mochten die Gründe dafür auch sehr vielschichtig sein. Die Leistungen der DDR-Industrie bei Entwicklung und Bau von Doppelstockwagen für den Nahverkehr der großen Städte dürfen ebenfalls nicht unterschätzt werden. Hier hat es sich ausgezahlt, daß die positiven Erfahrungen der Görlitzer Konstrukteure seit 1935 nicht einfach über Bord geworfen worden sind.

Vielleicht hat die Deutsche Reichsbahn in die Eröffnungsbilanz der Deutschen Bahn AG als größtes Aktivum ihr relativ dichtes Streckennetz eingebracht, das zukünftig in der Umwelt- und Verkehrspolitik noch eine Rolle spielen könnte. Womöglich müssen aber auch diese eingleisigen Strecken mit den unbeschrankten Bahnübergängen und den historischen Bahnhofsgebäuden noch abgebrochen werden, bevor unser Land den Unsinn des totalen Autoverkehrs wirklich erkennt.

Wichtigste Erbschaft der Deutschen Reichsbahn für eine Eisenbahn der Zukunft ist sicherlich, daß es diese Substanz noch gibt: Sie bescherte Ende 1993 der neuen Gesellschaft 14 075 km Betriebslänge und 148 100 Beschäftigte. Für die Bundesbahn lauteten die entsprechenden Werte 26 382 km Betriebslänge und 229 300 Beschäftigte. Die Gewinn- und Verlustrechnung bei der Reichsbahn für 1993 endete mit einem Fehlbetrag von 6,1 Milliarden DM, bei der Bundesbahn mit einem Minus von 8,5 Milliarden DM.

In einer letzten Phase der Deutschen Reichsbahn, die etwa zwei Jahre andauerte, ließen sich so sonderbare Erscheinungen noch beobachten wie der alte Keksdosen-Schienenbus in hochmodern hellgrau-weißer Lackierung, übergewichtige Schaffner im modischen Outfit des Intercity-Zugchefs und abgetakelte Vorstadtbahnhöfe mit grellen Zigaretten-Reklamen. Der exklusive Staatszug der DDR-Regierung wurde nun an westdeutsche Nostalgie-Reisende für touristische Fahrten nach dem heute polnischen Riesengebirge offeriert, das fast klassische Mitropa-Geschirr entwickelte sich zum Bestseller auf den Flohmärkten, und selbst die ungeliebten Reichsbahn-Uniformjacken fanden Sammler.

Schließlich war die Deutsche Reichsbahn nur noch ein Betrieb auf Abruf: Mutig klammerte man sich an die Bundesbahn und die Vision der »Bahn-AG« , aber die kommenden Probleme von Rationalisierung und hartem Personalabbau mochte niemand in Ost und West gern sehen. So wird die Reichsbahn auch in den näch sten Jahren noch viel Einfluß auf die Geschäfte der »Bahn-AG« haben. Wer draußen am Bahnhof und auf der Strecke die Augen offenhält, kann dort in der Zukunft noch lange die gute und die weniger gute Deutsche Reichsbahn sehen.

Eisenbahn nach der Wende

Der rasche Wandel, der die DDR nach dem 9. November 1989 erfaßte, machte vor der Deutschen Reichsbahn nicht halt. Die Deutsche Bundesbahn übernahm eine Art von erdrückender Patenschaft im Sinne des Einigungsvertrages; seit dem 1. September 1991 war der DB-Chef Heinz Dürr zugleich Vorsitzer des Vorstandes der Reichsbahn, seit 1. Juni 1992 bestand ein gemeinsamer Vorstand von DB und DR.
Für die Eisenbahnphotographen an der Strecke war ein wichtiges Ereignis, wie die Reichsbahn-Triebfahrzeuge ab 1. Januar 1992 in den Nummernplan der Bundesbahn eingereiht wurden: Hinter der frischlackierten Type 234 war die Reichsbahnreihe 132 nach Herrichtung für 140 km/h Höchstgeschwindigkeit im schweren Schnellzugdienst bei der Blockstelle Malge im Mai 1993 zu sehen. Auf dem Knotenpunkt von Karow in Mecklenburg waren drei Maschinen der Type 202 zu erblicken, also die frühere Reichsbahnreihe 112 für den Nebenbahndienst. Neue Schilder gab es 1993 auch am Bahnhofskiosk in Wismar, dessen typische Gardinen und Kacheln um vielsagende Reklamen für Eis und Zigaretten ergänzt worden sind.

GOLDEN
AMERICAN
CIGARETTES
KIOSK

Zukunft der Traditionsbahnen

Der Wechsel des Wirtschaftssystems und der Eisenbahnverwaltung bedeutete für die acht schmalspurigen Eisenbahnstrecken auf dem Gebiet der früheren DDR einen gewaltigen Einschnitt. Wohl herrschte große Freude, als im Oberharz die Grenzsperren fielen und man im September 1991 die historische Strecke zum Brocken wieder eröffnen konnte, doch allgemein wurde die Frage nach den Kosten der kleinen Traditionsbahnen jetzt lauter.
Die Deutsche Bahn AG verfolgt den Plan, diese Strecken als touristische Attraktionen an die Regionen abzugeben, damit Gemeinden und andere örtliche Interessenten erfahren, wie teuer der Betrieb einer Kleinbahn ist. Das war im Harz am 1. Februar 1993.
Die von den Ländern subventionierte Privatbahn dürfte hier die Alternative zur Betriebseinstellung sein.
Drei Beispiele zeigen die Aufnahmen von Olaf Bergmeier, nämlich das schlichte Warten auf den Zug in Binz Ost im Oktober 1990 (rechts oben), den unvergleichlichen Blick über Rügen vom Jagdschloß Granitz (rechts unten) und eine nächtliche Szene im Betriebswerk Wernigerode (links); die beiden letztgenannten Aufnahmen sind im November 1991 entstanden.

Übernommene Reichsbahn-Technik

Nach dem Fall der Mauer wanderten 1990 viele Lokführer der Reichsbahn in die westdeutschen Ballungsräume von München, Stuttgart oder Frankfurt am Main ab, weil die Bundesbahn starken Personalmangel hatte. Bald darauf wurden auch elektrische Lokomotiven der Reichsbahn-Reihe 143 im Westen stationiert, weil dort Maschinen im Güterzugdienst und bei den S-Bahnen fehlten. Ihre weitere Produktion in Hennigsdorf hatte außerdem beschäftigungspolitische Gründe. Für eine Reihe von Jahren werden diese relativ jungen Maschinen den Fahrzeugpark der Deutschen Bahn AG bestimmen, wie dies die Aufnahme von Leipzig Hauptbahnhof am 26. April 1993 schon andeutet. Eine im Westen unbekannte Technologie war die Benutzung von Hubschraubern bei der Elektrifizierung. Damit waren diese Bauarbeiten ohne große Unterbrechung des laufenden Betriebs möglich.
Beim Aufstellen der Oberleitung im Westen Berlins und in Brandenburg bestand 1993/94 kein Anlaß, von diesem bewährten Reichsbahn-Verfahren abzugehen. Aufnahme in Berlin-Charlottenburg am 12. Januar 1993.

EC
Paris Est
11 42
Gleis
10
Dessau Hbf.
12 15
Gleis
10a
Außerhalb
der
Bahnhofshalle

Alte Bahnhofsnamen

Gelegentlich ist der Wandel, den eine Nation und ihre Eisenbahn durchläuft, an so unscheinbaren Symbolen wie den einfachen Stationsschildern abzulesen. Damit sind nicht nur die offenkundig politisch gewählten Bahnhofsnamen wie »Karl-Marx-Stadt« oder »Potsdam Hauptbahnhof« gemeint. In Wünsdorf bei Berlin war das Oberkommando der Sowjetischen Streitkräfte in Deutschland beheimatet, deshalb gab es dort einen besonderen Bahnhof mit zweisprachigen Ortsangaben und einen Zug mit den Laufschildern »Wünsdorf – Moskau«. Zu den Zeiten der DDR bildeten die »Gardinenzüge« der Roten Armee kein öffentliches Thema, zum Zeitpunkt der Aufnahme im Herbst 1992 stand der russische Truppenabzug aus Deutschland auf dem Programm. Im September 1994 wurde dieser Bahnhof geschlossen. Andere auffällige Schilder waren 1992 in Großenhain auf historischer Bausubstanz und 1993 in Berlin-Westkreuz auf dem Schutt zu beobachten: Denkmalpflege und Rücksicht auf die Geschichte schienen jetzt bei der Reichsbahn nicht sehr gefragt zu sein. Die nächtliche Aufnahme der Schienenbusse in Güsen bei Genthin am 22. August 1992 auf der folgenden Doppelseite läßt ebenfalls die Frage aufkommen, wie lange dieser Bahnhofsname wohl noch Bestand haben wird.

Großenhain
Berliner Bahnhof

Schienen

772 156-
Fo
772132-7

Vereinigung der Eisenbahnen

An zahlreichen Stellen wurden von 1990 bis 1993 die Lücken zwischen den Schienennetzen der beiden deutschen Eisenbahnen wieder geschlossen. Besonders hat man diese neuen und alten Verbindungen in Berlin gefeiert, wo die Reichsbahn ab 1990 plötzlich wieder S-Bahnen in West-Berlin fuhr, nachdem sie diese Aufgabe erst Anfang 1984 an die BVG übergeben hatte. Die Fähnchen am Eröffnungszug von Berlin nach Potsdam sagen deutlich, welche Zeitenwende am 1. April 1992 dort immer noch begangen wurde. Zwei Jahre später, am 10. Januar 1994, ist dann die Vereinigung von Bundesbahn und Reichsbahn zur »Deutschen Bahn AG« auf dem Berliner Hauptbahnhof von Bundesverkehrsminister Matthias Wissmann und Eisenbahn-Chef Heinz Dürr symbolisch vollzogen worden. Die bekannte Reichsbahn-Dampflok 18 201 und der Bundesbahn-Triebwagenzug ICE 401 085-6 bildeten die Kulisse hinter der Deutschlandkarte mit dem neuen »DB-Keks«. Eine Zusammenschau der beiden alten neben dem einen neuen Bahn-Firmenzeichen an drei elektrischen Lokomotiven entstand im Ausbesserungswerk Dessau am 17. Januar 1994.

S3 Erkner
B 05
Wiedereröffnung
der Strecke
Potsdam–Berlin
01.04.1992

DB
151 139 - 3

491

Abschied von der Reichsbahn

Ein Blick zurück läßt gut erkennen, wie mit dem Ende der DDR-Reichsbahn auch das Ende der alten Deutschen Reichsbahn unwiderruflich gekommen ist. Die Eisenbahn von heute hat andere Aufgaben als die einstmals »größten Unternehmen« ihrer Staaten vor 1945 und vor 1989 zu erfüllen; sie hat keine Gewinne und keine Subventionen zu erwarten. Deshalb wird sie modernisieren, und die Reisenden müssen von altgewohnten Ansichten bald Abschied nehmen: In den Aufnahmen von Peter Raulfs aus dem Sommer 1993 erzählen die 1946 teildemontierte Strecke der preußischen Ostbahn von Berlin nach Küstrin bei Obersdorf in der Mark, das Stationsschild auf Bahnhof Genthin und der Fahrkartenschalter in Götz von der langen Geschichte der Deutschen Reichsbahn.

Literatur

Baumann, Hans: Deutsches Verkehrsbuch. – Berlin 1931.
Garn, Robin: VEB Dampflokomotive. – Münster 1991.
Gottwaldt, Alfred: Reichsbahn-Album. – Stuttgart 1976.
Gummich, Karl-Heinz: Mitropa zwischen gestern und morgen. – Berlin (Ost) 1966.
Hilberg, Raul : Sonderzüge nach Auschwitz . – Mainz 1981.
Kirsche, Hans-Joachim: Bahnland DDR. – Berlin (Ost) 1990.
Krämer, Volker: Dampfeisenbahnen zwischen Rügen und Erzgebirge. – Hamburg 1992.
Kramer, Erwin: Die Entwicklung des Verkehrswesens in der DDR. – Berlin (Ost) 1978.
Maedel, Karl-Ernst: Deutsche Dampflokomotiven. – Berlin 1994.
Mayer, Arthur von: Geschichte und Geographie der deutschen Eisenbahnen. Berlin 1894.
Pottgießer, Hans: Die Reichsbahn im Ostfeldzug. – Neckargemünd 1960.
Potthoff, Gerhart: Die Eisenbahn. – Berlin (Ost) 1979.
Preuß, Erich: Der Reichsbahn-Report 1945-1993. – Berlin 1993.
Rehbein, Elfriede: Deutsche Eisenbahnen 1835-1985. – Berlin (Ost) 1985.
Rossberg, Ralf Roman: Deutsche Eisenbahntechnik. – Düsseldorf 1990.
o. Verf.: Das deutsche Eisenbahnwesen der Gegenwart. – Berlin 1927.
–: Eisenbahn und Eisenbahner 1920-1951 (6 Bände). – Frankfurt (Main) 1968-1974.
–: Hundert Jahre deutsche Eisenbahnen. – Berlin 1935.
–: Uns gehören die Schienenwege. – Berlin (Ost) 1960.
–: Zug der Zeit, Zeit der Züge. – Nürnberg 1985.

Einbandgestaltung: Jürgen Freter, Berlin; Andreas Pflaum + Dos Luis Santos, Stuttgart
Titelbild: Abbildung auf dem Umschlag nach dem Plakat »Deutschland – Euer Reiseziel« von J. W. Engelhard (um 1930) aus der Plakatsammlung des Kunstgewerbemuseums Zürich.

Bildnachweis:
Viele Fotografen, Sammler und Bildagenturen haben Material zu diesem Buch beigesteuert. Soweit ihre Namen nicht bereits neben ihren Abbildungen genannt sind, werden sie nachstehend mit den betreffenden Seitenzahlen aufgeführt. Nicht besonders erwähnte Aufnahmen sind der Sammlung des Verfassers entnommen.

Olaf Bergmeier: 178, 179
Bildarchiv Preußischer Kulturbesitz:
16, 53, 58 u. 59, 81 oben, 92 u. 93, 121, 124, 129, 131 unten, 134, 140
Karl-Heinz Brust: 154, 158, 162, 170, 171
Bundesarchiv: 54 (Signatur ABC-1342), 125 oben (Signatur PK 279/901/31a)
Wolfgang Diener: 31, 138
Walter Ess: 76 oben
Max Göllner: 44, 62 unten, 85 unten, 109 unten
Fred Hafner: 163, 164 unten, 166, 173, 182, 186 oben
Stadtarchiv Hannover: 120
Landesbildstelle Berlin:
30, 32 u. 33, 54 u. 55, 56 u. 57, 97, 105, 117 unten, 128 unten, 130, 136 u. 137, 148 unten, 149 unten, 161 unten, 164 oben, 164 u. 165, 180
Gottfried Mann: 140 u. 141
Arnold Müll: 152 u. 153, 157
Museum für Verkehr und Technik Berlin:
12, 70, 74 oben, 79, 126 unten, 131 oben, 146 u. 147
Uwe Nußbaum: 38, 183 oben
Willy Pragher: 96 unten
Erich Preuß: 141, 144 unten, 161 oben, 165, 172
Peter Raulfs: 168 u. 169, 176, 177, 181, 184 u. 185, 188, 189
Thomas Splittgerber: 186, 187 unten
Süddeutscher Verlag, Bilderdienst: 125 unten, 132 oben
Bernd Umbrecht: 39 unten
Sigfried von Weiher: 13

ISBN 978-3-613-71317-8

Spezialausgabe 1. Auflage 2007

Sie finden uns im Internet unter
www.transpress.de

Satz und Gestaltung: Grafikbüro Ulrike Damm, Berlin
Lithografie: Tertia, Berlin
Druck und Bindung: Graspo CZ, CZ-76302 Zlin
Printed in Czech Republic

Reichsbahn-Zeiten

Alfred B. Gottwaldt
Reichsbahn-Album
Das »Foto-Album« mit 500 einzigartigen Aufnahmen von der Reichsbahn aus der Zeit von 1920 bis zum Ende der dreißiger Jahre jetzt als Spezialausgabe.
428 Seiten, 502 Bilder **Bestell-Nr. 71234 € 24,90**

Lutz Bastubbe/Wolfgang Daxth/Michael Reimer/Lutz Zschage
Bubikopf, Taigatrommel & Weiße Lady
Seit Mitte der 70er-Jahre entstanden die farbigen Aufnahmen, die dieses Buch zu einer wichtigen Beschreibung ostdeutscher Eisenbahngeschichte machen.
160 Seiten, 173 Farbbilder **Bestell-Nr. 71232 € 29,90**

Jürgen Krantz
Sputnik, Dampf & Fliegender Kramer
1965 bis 1980 bestimmten noch die Dampfloks das Bild der Reichsbahn – in diesem Bildband werden Sputnik & Co noch einmal zum Leben erweckt.
144 Seiten, 169 Farbbilder **Bestell-Nr. 71246 € 24,90**

Lutz Bastubbe/Wolfgang Dath/Michael Reimer/Lutz Zschage
Ferkeltaxe, Ludmilla & Trabilok
Spuren der Reichsbahn der DDR finden sich heute noch in der Bundesrepublik. Die Autoren haben sie auf sachkundige Art und Weise aufgespürt.
176 Seiten, 175 Farbbilder **Bestell-Nr. 71265 € 29,90**

Erich Preuß
Der Städte-Express der Deutschen Reichsbahn
Die schnellen Verbindungen aus den Bezirksstädten der DDR nach Ost-Berlin wurden 1990 eingestellt. Hier die Geschichte der gelb-orangefarbenen Züge.
128 Seiten, 63 Bilder, davon 36 in Farbe, 5 Zeichnungen **Bestell-Nr. 71222 € 19,90**

Erich Preuß
Der Reichsbahn-Report
Diese Sonderausgabe zeichnet ein Bild der DR, das keinen Anspruch auf historische Vollständigkeit erhebt, sondern bewusst auf subjektives Erleben setzt.
240 Seiten, 205 Bilder, dav. 35 in Farbe **Bestell-Nr. 71160 € 16,–**

Erich Preuß
Der Reichsbahn-Report 2 1945-1993
Eine Auseinandersetzung mit der Schienengeschichte der DDR und zugleich die inoffizielle Geschichte der Eisenbahngesellschaft Ostdeutschlands bis 1993.
224 Seiten, 169 Bilder, dav. 13 in Farbe **Bestell-Nr. 71258 € 19,90**

IHR VERLAG FÜR EISENBAHN-BÜCHER

Postfach 10 37 43 · 70032 Stuttgart
Tel. (07 11) 2108065 · Fax (07 11) 2108070
www.paul-pietsch-verlage.de

trans press